AF155642

Andrea Schweiger

Mit dem ABC durch die Schule

Unkonventionelle Gedanken und hilfreiche
Tools zum Selfcoaching auf dem Weg vom
gestressten zum glücklichen Lehrer

VINDOBONA
VERLAG · SEIT 1946

Bibliografische Information
der Deutschen Nationalbibliothek:

Die Deutsche Nationalbibliothek
verzeichnet diese Publikation in
der Deutschen Nationalbibliografie.
Detaillierte bibliografische Daten
sind im Internet über
http://www.d-nb.de abrufbar.

www.vindobonaverlag.com

© 2025 Vindobona Verlag
in der novum publishing gmbh
Rathausgasse 73, A-7311 Neckenmarkt
office@vindobonaverlag.com

ISBN 978-3-903574-87-8
Lektorat: Emma J. Dharmaratne
Umschlagfotos: Katrina Brown,
Yana Bardichevska | Dreamstime.com
Umschlaggestaltung, Layout & Satz:
Vindobona Verlag
Innenabbildungen: Andrea Schweiger

Gedruckt in der Europäischen Union
auf umweltfreundlichem, chlor- und
säurefrei gebleichtem Papier.

Wenn man selbstbewusst in Richtung seiner Träume geht und sich bemüht, das Leben zu führen, das man möchte, wird man in alltäglichen Situationen unerwarteten Erfolg haben.

Henri David Thoreau (1817 – 1862), amerikanischer Schriftsteller und Philosoph

Inhaltsverzeichnis

Einleitung

Im September 2022 bin ich nach 41 Dienstjahren als Sonder-schullehrerin in Pension gegangen. Ich hatte das Glück, in einem Beruf zu arbeiten, den ich nicht bewusst gesucht hatte, sondern der mich gefunden hat. Ein Beruf, der im wahrsten Sinn des Wortes Berufung war und der mir so viel zurückgegeben hat, wie ich eingebracht hatte.

Ich lernte so viel über Flow, Resilienz, Ressourcenfindung und -stärkung, Achtsamkeit, Stressmanagement und Konflikt-lösung wie ich in unzähligen Seminaren nicht gelernt hätte. Den Begriff Work-Life-Balance konnte ich für mich umdefinieren in Life-in-Life-Balance und mein wichtigster USP ist meine physi-sche, psychische und mentale Gesundheit nach einer so langen, herausfordernden Berufstätigkeit.

Schon bald stellte sich heraus, dass es nicht nur die reine Wissensvermittlung war, die mir Freude bereitete, sondern viel-mehr die beratende und unterstützende Begleitung von Kindern, Jugendlichen, Eltern und anderen erziehenden Personen – was mich wieder zu meinem jetzigen Beruf hinführte – der Lebens- und Sozialberaterin.

Die Initialzündung zu diesem Berufswechsel gaben mir mei-ne Studierenden, die ich als sogenannte Praxislehrerin 13 Jahre lang betreuen durfte. Ihre Feedbacks zu meiner beratenden Be-gleitung waren äußerst positiv. Einer der Studenten und mein jetziger Kollege meinte nach einem gemeinsam besuchten Semi-nar: „Jedes Pausengespräch mit dir bringt mir mehr als dieses Seminar." Kurz darauf buchte ich meinen ersten Trainerlehr-gang. Danke, Stephan!

Ziel dieses Buches

Es macht mich traurig zu sehen, wie viele kluge, idealistische Leute in der Schule, in ihrer Klasse unglücklich und gestresst sind, knapp vor oder schon im Burnout stehen. Sie entfalten ihr Potential nicht und sind blind und taub für die Möglichkeiten, die sie haben, zu einem erfüllten Berufsleben zu kommen.

Gehörst auch du zu jenen, die diesen Beruf gewählt haben, weil sie Kindern helfen oder mit Kindern arbeiten wollten? Und jetzt merkst du, dass diese Kinder deine Hilfe nicht wollen oder nicht annehmen können? Oder dass die Administration so viel von deiner Zeit und Energie auffrisst, dass für das Wichtigste, die Beziehungsarbeit und den Unterricht, nichts mehr übrigbleibt? Hast du auch manchmal das Gefühl, dass deine Schule nicht voller Kinder, sondern voller Windmühlen ist, gegen die du kämpfst?

Mit diesem Buch kann ich nicht deine Rahmenbedingungen ändern. Ich kann dir keinen besseren Vertrag verschaffen, keine netteren Vorgesetzten, Kolleg*innen oder Kinder. Ich komme auch nicht zu dir in die Schule, um dir administrative Arbeiten abzunehmen – oh nein!

Aber ich kann dir helfen, dein Mindset zu ändern und vielleicht diese erwartungsvolle Freude wiederzufinden, die du empfunden hast, als du diesen Weg eingeschlagen hast. Das Buch ist, wie schon im Untertitel erwähnt, als Hilfe zum Selbstcoaching gedacht.

Aber Achtung: Es kann ein Coaching oder eine Beratung in Präsenz nicht ersetzen. Für viele Themen brauchst du ein Gegenüber, das die richtigen Fragen stellt, das dir zuhört, wenn deine Gedanken in Fluss kommen und dir mehrere Vorschläge zur Entscheidungsfindung unterbreitet. Denn sollten sich bereits einige Probleme manifestiert haben, braucht es einen Prozess, diese zu bearbeiten.

Keine Angst, ich biete dir keine lebenslange Betreuung an. Meist wirst du nach ein paar Sitzungen herausgefunden haben, wie du eigenmächtig und selbstwirksam deine Arbeit gestalten kannst, sodass sie dir wieder Freude macht. Für die ersten zehn Personen, die sich auf dieses Buch hin melden, ist die erste Einheit (= volle Stunde) gratis.

Dieses Buch ist kein „Ratgeber" im landläufigen Sinn – als Beraterin habe ich etwas gegen Ratschläge. ☺ Ich gebe dir hier Gedanken und Begriffe mit, die mir bei der Vorüberlegung zu diesem Buchprojekt im Gehirn aufgepoppt sind. Die Frage, die ich mir gestellt habe, war: „Was ist wichtig für ein gelungenes Lehrerleben (damit du nicht nur von Ferien zu Ferien lebst)?"

Und was wäre für eine Lehrerin naheliegender, um diese Lawine von Begriffen zu ordnen, als unser gutes, altes Alphabet! So komme ich um die mühsame Aufgabe herum, vielleicht ein Ranking nach Wichtigkeit zu erstellen...

Du wirst also trotz des strengen Rasters eine Auswahl an Begriffen finden, die bunt durcheinander kugeln – ein bisschen wie in einem Salatteller. Deshalb bietet es sich auch an, das Buch nicht in einem durchzulesen (kann man auch), sondern mal hier und da zu naschen. Du kannst es auch für die Nadel-Stich-Technik verwenden. Erklär ich später, tut nicht weh.

Ich empfehle dir auch, Stichwörter nachzuschlagen, die du vielleicht bereits gut kennst. Meine Sichtweise ist manchmal eine andere als die altbekannte oder beschreibt eine andere Dimension.

Natürlich gibt es auch die eine oder andere Hausaufgabe, ich kann's halt nicht lassen. Wir nennen es hier „Call to Act", das klingt netter. Wenn ich den Begriff in meiner Dienstzeit gekannt hätte, wäre ich noch viel cooler vor meinen Schüler*innen dagestanden...

Die Zutaten zu einem gelungenen Lehrerleben

Jetzt geht's los! Wie gesagt, die Stichwörter sind streng alphabetisch geordnet, nicht nach Wichtigkeit. Ich hatte auch den kindischen Ehrgeiz, zu jedem Buchstaben etwas zu finden.

Akzeptanz

Da sage ich, dass ich nicht nach Wichtigkeit ordne, und dann steht gleich einer der mächtigsten Begriffe an erster Stelle. Eine Freundin brachte auch den Begriff „Radikale Akzeptanz" (Carl Rogers) von der Therapie mit und er hat mich sehr angesprochen. Es bedeutet nicht nur, sich selbst, seine Gefühle mit allen Facetten anzunehmen, sondern auch Bedingungen, Umstände, die wir nicht ändern können.

Getreu dem Motto:

Gott, gib mir die Gelassenheit, Dinge hinzunehmen, die ich nicht ändern kann, den Mut, Dinge zu ändern, die ich ändern kann, und die Weisheit, das eine vom anderen zu unterscheiden.

Akzeptanz heißt nicht notwendigerweise billigen oder gutheißen. Sie lässt sich am besten mit dem kurzen Satz ausdrücken: **So ist es**.

Annehmen oder akzeptieren heißt aber auch nicht, die Dinge nur passiv zuzulassen, sondern setzt auch eine gewisse Bewusstheit und Auseinandersetzung mit dem Thema voraus.

Ich greife hier dem Schwerpunkt Reframing voraus, in dem ich darstelle, wie man Situationen, Dinge, Gegebenheiten aus verschiedenen Perspektiven betrachten kann – das muss nicht zwangsläufig mit dem Positive Thinking zu tun haben, das ja etwas in Verruf geraten ist. Manchmal kann dem „So ist es" auch „Shit happens" vorangestellt werden. Aber wenn ich's nicht ändern kann... Siehe oben.

Das größte Veränderungspotential liegt in dir selbst. Auch hier wirst du einige genetisch festgeschriebene Eigenschaften akzeptieren müssen, im Sinne des Konstruktivismus hast du aber an dir selbst die größten Gestaltungsmöglichkeiten.

Das wäre eines der Themen, das sich gut in einem Beratungsprozess bearbeiten ließe. Überleg es dir! Vorläufig der erste

CTA (Call to Act): Zeichne eine stilistisch einfache Figur (Lebkuchenmännchen) auf ein A4-Blatt und schreibe alle deine Eigenschaften hinein, die dir einfallen. Wirklich alle. Dann hebe alles in Gold hervor, was du an dir liebst und was in deiner derzeitigen Situation gerade hilfreich ist. Ich fordere dich nicht auf, „schlechte" Eigenschaften zu markieren, denn vielleicht erweisen sich diese bei näherer Betrachtung als gar nicht soooo schlecht, sondern sind für irgendetwas gut.

***

Angst

Vielleicht DIE größte und häufigste Störung menschlichen Wohlbefindens. Ein oft verwendeter Spruch meiner Mutter (du musst ihn dir in niederösterreichischem Dialekt vorstellen): Zu Tode gefürchtet ist auch gestorben.

Ich konnte ihn erst irgendwann in meiner Entwicklung verstehen, früher wäre mir lieber gewesen.

Mein Leben war in meiner Kindheit, Jugend bis ins Erwachsenenalter hinein dermaßen von Angst bestimmt, dass das Herzrasen, der Kloß im Hals, die Bauchschmerzen schon fast zum Normalzustand wurden.

Davon merkte aber niemand etwas. Ich war eine geniale Kontraphobikerin. Mein erklärtes Ziel war es, niemanden meine Ängste merken zu lassen. Egal, ob es die Holzmaserung des Kastens im Schlafzimmer war, die großen Buben bereits im Kindergarten und später überall, der widerliche alte Mann aus dem zweiten Stock, Prüfungsängste, Angst vor Mobbing,

Angst vor dem Tod von Angehörigen, und und und – keiner sollte etwas merken.

Aber ich werde diesen Spruch nicht zum letzten Mal zitieren: *Fake it till you make it!* Wir wissen alle um die Gefahren von Verdrängung, aber ich habe so lange die Furchtlose gespielt, so oft gegen Ängste rationalisiert und für andere Menschen Gegenargumente generiert, dass ich sie irgendwann selbst geglaubt habe. Wobei ich diesen Weg nicht als den allgemein gültigen empfehlen würde. Denn wenn du als mögliche Reaktion auf Angst von den vier Möglichkeiten FIGHT, FLIGHT, FREEZE oder FAWN (Bindung, Unterwerfung) vor allem den FIGHT- und dann den FLIGHT-Modus wählst, hast du nachher auch genug zu bearbeiten. ☺

Übrigens bin ich jetzt verhältnismäßig angstfrei. Vielleicht eine Alterserscheinung?

Zu diesem Thema gibt es ein dermaßen großes Literatur- und Therapieangebot, dass ich mich hier gar nicht weiter darüber auslassen möchte. Ich empfehle dir nur, beizeiten deine Ängste zu erkennen und anzunehmen (siehe auch oben) und daran zu arbeiten, bevor sie dein Leben beherrschen.

***

Ambiguitätstoleranz

Was für ein Wort! Ich musste es tatsächlich mehrmals üben, bevor ich es aussprechen konnte. Du kannst die genaue Definition in Wikipedia nachlesen, hier nur ganz kurz: AT bezeichnet die Fähigkeit, Unsicherheiten, widersprüchliche Handlungsweisen und mehrdeutige Situationen gut auszuhalten, ohne davon übermäßig gestresst zu sein. Oft auch bezogen auf interkulturelle Unterschiede.

Psychologen diskutieren noch, ob es sich um ein Persönlichkeitsmerkmal handelt oder ob es auch erworben, d. h. gelernt werden kann. Ich bin sehr dankbar für meine kaum vorhandene Xenophobie, habe aber trotzdem genügend Themen zu bearbeiten, die ich nicht unter meinen großen Hut der Ambiguitätstoleranz bringe.

Wie so oft tendiere ich auch hier zu beiden Betrachtungsweisen. Wenn dir relativ wenig AT von Haus aus mitgegeben wurde (durch Genetik oder frühkindliche Prägung), du aber reflektiert genug bist, das zu erkennen, dann solltest du unbedingt am Ausbau dieser Fähigkeit arbeiten. Es erleichtert das Leben ungemein, wenn einen nicht alles aufregt, was nicht genau den eigenen Vorstellungen entspricht.

***

Annahmen

Darunter kannst du dir vielleicht wenig vorstellen, dabei ist es, negativ ausgelegt, ein weit verbreitetes Übel, nicht nur in unserem Berufsstand. Es bedeutet, dass du dir über Menschen oder Situationen ein starres Bild gemacht hast und an dem festhältst, ohne genauere Informationen zu haben.

Dies ist eine der wenigen Verhaltensweisen, die ich wirklich hasse – gleich eine Ausnahme meiner oben beschriebenen Ambiguitätstoleranz. Es sind auch diese Annahmen, die unser Lehrerleben manchmal so schwer machen, weil mancher Mensch, der die Schulpflicht erfüllt hat, sich automatisch als Expert*in für Schulfragen fühlt. Diese Menschen **wissen**, dass wir nur halbtags arbeiten, unseren Job nur wegen der Ferien ergriffen haben, grundsätzlich unfair sind, usw. Ich hoffe, du kennst nicht allzu viele solcher Leute.

Ganz übel ist es, wenn Menschen mit so verfestigten Annahmen im Lehrerberuf tätig sind. Selbst nichts mehr dazulernen zu wollen, sich nicht überzeugen zu lassen, keinen anderen Standpunkt einzunehmen, weil man ohnehin schon alles weiß, engt das Leben extrem ein und zementiert es noch in seiner Beschränktheit.

Du findest diese Haltung bei fast allen Pubertierenden. In dieser Entwicklungsphase ist sie aber auch legitim. Der Mensch, der gerade der Kindheit entwächst, muss sich erst in der immer größer werdenden Welt orientieren, seinen Standpunkt suchen, seine Meinung vertreten und verteidigen. Kein Kind kommt als reifer, reflektierter, toleranter Erwachsener auf die Welt. Das muss man sich hart erarbeiten.

Hier kannst du als Lehrkraft (sobald du dich von vielen eigenen Annahmen freigemacht hast) durch solide Wissensvermittlung (*Ich weiß, dass ich nichts weiß*/Sokrates) und sehr viele Gespräche und Diskussionsrunden, die ganz gezielt Empathie und Toleranz fördern, zu einer offenen, neugierigen Grundhaltung beitragen.

Positive Annahmen hingegen sind etwas Schönes und Wertvolles. So habe ich von meinen Schüler*innen immer angenommen, dass sie natürlich gerne lernen wollen, super IQs haben und mir genauso wohlwollend gegenüberstehen wie ich ihnen.

Diese Annahmen haben sich fast immer bestätigt.

CTA: Beobachte dich selbst einmal einen Tag lang, wie oft du in Gesprächen mit Kolleg*innen über Schüler*innen eine strikte Meinung vertrittst, OBWOHL DU VIELES EINFACH NICHT WISSEN KANNST (mein häufigster Stehsatz der letzten Jahre).

***

Ästhetik

Bietet den Kindern Schönheit! Einschub: Ich hätte auch Schönheit als Stichwort nehmen können, aber unter S hab ich schon so viele.

Beginnt bei euch. Die Kinder müssen euch einen Großteil des Tages anschauen, also bietet ihnen einen erfreulichen Anblick. Das ist nicht so oberflächlich gemeint, wie es vielleicht klingt. Es geht hier nicht um Modelmaße oder Markenkleidung, sondern wieder um Selbstliebe und den eigenen Ausdruck.

Es geht weiter mit der Handschrift (= Tafelschrift) und der Ausgestaltung des Klassenraumes – sofern das Letztgenannte in deiner Macht liegt. Indem du den Kindern hilfst, schön zu schreiben, werden sie auch ihre eigenen Arbeiten viel mehr wertschätzen. Nebenbei verringert es auch die Fehlerhäufigkeit.

Bietet ihnen aber auch Schönheit in Farben, in der Natur, in Klängen, auch dort, wo sie auf den ersten Blick nicht sichtbar ist. Der Sinn für Schönheit ist dem Menschen immanent (wie ich an meiner fünfjährigen Enkelin seit Jahren feststelle) und manchmal lebenswichtig.

In einem Jahr, in dem ich zwei Freundinnen beim Sterben begleitete, half mir die Schönheit meines Gartens, diese schwere Zeit zu überstehen. Nicht die Gartenarbeit oder die Ablenkung, sondern die Schönheit dieses Platzes mit all seinen Lebewesen.

Man kann Schönheit auch im Chaos finden oder dort, wo sie auf den ersten Blick nicht sichtbar ist.

Auch hier bieten sich wieder viele Gelegenheiten, eine tolerante Grundhaltung zu üben und vor allem einer weitverbreiteten Mobbingursache, dem Bodyshaming, die Grundlage zu entziehen.

CTA: Gestalte eine Collage mit allem, was für dich schön ist. Das können Bilder, aber auch Texte oder Musiknoten sein. Denk auch an taktile Reize, verwende Materialien, die du gerne angreifst. Wenn du die Möglichkeit hast, mach es auch mit deinen Kindern.

***

Authentizität

Viele halten das Wort schon für ausgelutscht, ständig hört man die Forderung: Sei authentisch! Aber denk dich einmal richtig in diesen Ausdruck hinein: Sei echt!

Das beinhaltet die an erster Stelle stehende Akzeptanz ebenso wie alle anderen, bisher erläuterten und noch kommenden Begriffe. Wenn wir unser ABC durchhaben und du vieles davon in dein Leben integrieren kannst, bist du authentisch, versprochen!

Mit geglückter Authentizität näherst du dich dem an, was Irvin D. Yalom mit seinem Buchtitel meint: *Wie man wird, was man ist* (siehe Literaturliste). Dazu gehört eben auch, all die vielen verschütteten, verborgenen, ungeliebten Anteile seiner Persönlichkeit zu entdecken, gegebenenfalls zu bearbeiten, aber in jedem Fall anzunehmen. **Dazu stehen** ist auch ein schöner Begriff, finde ich.

Dies ist aber ein jahrelanger, um nicht zusagen, lebenslanger Prozess, keine Erfahrung von ein paar Wochen oder Monaten Verhaltenstraining. Keine Sorge, es geht trotzdem immer vorwärts, je nach Selbstreflexion schneller oder langsamer.

Wenn du jetzt schon denkst: „Ich bin aber doch schon authentisch, mehr geht gar nicht!", dann frag dich in zwanzig Jahren noch einmal, ich verspreche dir spannende Erkenntnisse!

Gelungene oder gelingende Authentizität ist wunderbar an der Körpersprache und generell an non-verbalem Verhalten ablesbar. Die Inhalte sind hier mehr oder weniger belanglos, auch die aufrechte Körperhaltung und der aufrichtige Blick lassen sich verhältnismäßig leicht trainieren. Was mir in erster Linie auffällt, sind eine inkongruente, fehlende oder übertriebene Gestik und vor allem die Stimme. Sobald diese gepresst oder leicht zittrig klingt (auch in Nuancen) verrät sie, dass die Aussage mit der Absicht des Sprechenden nicht übereinstimmt. Das trifft auf Schulkinder genauso zu wie auf Politiker*innen.

***

Autotelisch

Das letzte Fremdwort, das ich erst vor Kurzem gelernt habe, als ich nach Jahrzehnten wieder einmal den FLOW von Csikszentmihalyi gelesen habe. Kommt auch unter F!

Du kennst sicher den Ausdruck intrinsische Motivation. Nun, autotelisch ist sozusagen die höchste Stufe davon.

Das autotelische Empfinden ist unabhängig von äußeren Bedingungen und Zwecken, du findest es in erster Linie bei spielerischen und sportlichen Tätigkeiten. Wenn du Glück hast (so wie ich), auch bei deiner Arbeit mit Kindern.

Ich fand diese Definition davon so schön, das Ziel, das sozusagen in dir liegt und von niemandem sonst vorgegeben wird. Wenn es sich manchmal mit den Intentionen anderer überschneidet, ist es ja auch nicht schlecht.

Du arbeitest vielleicht daran, die Kommunikation und das Klima in deiner Klasse zu verbessern – irgendwann erlebst du den Augenblick, wo sich scheinbar ohne dein Zutun die Kids allein und friedlich beschäftigen, unterhalten, aufräumen… Dann ist der Augenblick gekommen, ein neues Ziel zu suchen, z. B. es werden alle Hausübungen von allen gemacht. ☺

***

Begeisterung

Eine gute Anknüpfung an das Wort autotelisch. Gemeinsames Merkmal vieler Lehrpersonen ist, dass sie sehr leicht für alles Mögliche zu begeistern sind.

Wie schade, wenn man sich das vom Alltag „austreiben" lässt. Es ist eine unglaublich wertvolle Ressource für gelingenden Unterricht, denn nur, wer selbst von einem Gegenstand begeistert ist, kann auch andere dafür begeistern.

Begeisterung ist ansteckend, wenn sie authentisch und kein pädagogischer Kunstgriff ist. Vorgetäuschte Begeisterung ist peinlich.

Vor allem, wenn die Kinder noch jünger sind, ist ihre Begeisterungsfähigkeit und Neugierde eine „g'mahde Wies'n", wie wir in Wien sagen. Vornehmer ausgedrückt: ein Selbstläufer.

Ihr tiefes Eintauchen in Themen animiert sie zu guter Recherchearbeit und eigenen Ideenfindungen – oft schon erlebt. Hier kannst du Flow mit verbundenen Augen erkennen.

Bei Jugendlichen ist es naturgemäß schwieriger, sie für etwas zu begeistern, besonders, wenn du sie noch nicht lange unterrichtest. Hier sind die Authentizität und dein Standing in der Klasse besonders wichtig. Hast du es aber geschafft, sie aus ihrer pubertären Dumpfheit und ihrem Tiefschlaf zu holen, kannst du sie sicher für tolle Projekte (dürfen hier schon länger sein) begeistern. Ein guter Einstieg wären vielleicht Impulsreferate zu: Was mich begeistert (oder besonders interessiert, wenn jemand mit diesem Wort nichts anfangen kann)

CTA: Überleg dir einen Gegenstand, ein Thema, von dem du begeistert bist. Es soll aber nicht unmittelbar mit Schule oder mit dem, was du ohnehin im Unterricht durchgenommen hast, zu tun haben. Erzähl deinen Kindern davon oder zeig es ihnen.

***

Berufung

Ich habe zuerst gezögert, dieses altmodische Wort in meinen Pool aufzunehmen, doch ich finde es zu schön, um darauf zu verzichten. Ich denke, auch du wirst „den Ruf" verspürt haben, sonst wärst du jetzt nicht da, wo du bist. Ich möchte dir hierzu einen Auszug aus Rainer Maria Rilkes **Briefe an einen jungen Dichter** präsentieren:
„… Forschen Sie jetzt nicht nach den Antworten, die Ihnen nicht gegeben werden können. Und es handelt sich darum, alles zu leben. Leben Sie jetzt die Fragen. Vielleicht leben Sie dann allmählich, ohne es zu merken, eines fernen Tages in die Antwort hinein." Schön, nicht?

CTA: Setz dich ganz ruhig hin (du kannst auch liegen) und versuche dich zu erinnern, wann du zum ersten Mal diesen Ruf gespürt hast. Wo, in welchem Körperteil hast du ihn gespürt? Wie hat sich das angefühlt? Wie hast du darauf reagiert?

***

Big Five

Das Big Five- oder OCEAN-Modell (nach den englischen Anfangsbuchstaben benannt) beschreibt fünf Hauptfaktoren der Persönlichkeit:

- Offenheit für Erfahrungen oder schlicht: Neugier
- Gewissenhaftigkeit
- Extraversion
- Verträglichkeit (Empathie)
- Neurotizismus (emotionale Labilität und Verletzlichkeit)

Die **Offenheit** wird in manchen Studien als einer der Hauptaspekte für Intelligenz angesehen. Was sie für die Lernbereitschaft bedeutet, braucht man, glaube ich, nicht zu betonen. Ich verweise hier noch einmal auf ihre grundlegende Bedeutung für Akzeptanz, Toleranz, Empathie und generell für psychische Gesundheit.

Was du wirklich üben sollst (und auch deine Schüler*innen), ist es, bei allen Erfahrungen, zu denen uns unsere Neugier anstiftet, den Wertungsmechanismus, der oft in unser aller Köpfen mitläuft, abzustellen. Klingt einfacher, als es ist.

Du siehst dich wahrscheinlich als jungen (junggebliebenen), modernen Menschen an, der ohnehin offen für alles ist. Überprüfe einmal in einer stillen Stunde, wo deine Grenzen sind, wo es „dir die Haare aufstellt", mit wem oder worüber du gar nicht reden kannst, was dir Aggressionen, Bauchschmerzen oder andere Symptome verursacht.

Erschüttert es dich, wie eng gesteckt dein Offenheitsbegriff ist? Befinden sich darin nur Menschen, Erscheinungen, die du schön, sympathisch, gut findest? Dann besteht hier dringend Handlungsbedarf. Offenheit ohne Akzeptanz ist undenkbar.

Ich habe zugunsten von **Gewissenhaftigkeit** auf das Stichwort Disziplin verzichtet, falls du es schon bemerkt hast. Gewissenhaftigkeit ist so ein schönes altmodisches Wort, das für mich so viel mehr beinhaltet als Disziplin, obwohl sie beide sinngemäß zur selben Kategorie gehören.

In Gewissenhaftigkeit steckt sowohl Gewissen als auch Wissen. Gewissen, dieses Gefühl am Ende eines Tages, einer Woche oder eines Lebens alles gut und richtig gemacht zu haben, nach bestem Wissen und Gewissen. Du kannst dir sicher denken, dass hier nicht nur Faktenwissen und umfassende Information gemeint sind, sondern auch das Wissen um dich selbst, Selbsterkenntnis. Es beinhaltet für mich auch Integrität, mir selbst und anderen gegenüber – ich verweise auf meine Erkenntnis mit dem Spiegelbild im Kapitel Eigenmacht, Eigensinn.

Diese Gewissenhaftigkeit ist für mich auch eine Grundbedingung für den Flow. Nur wenn ich das Gefühl habe, wirklich mein Bestes, egal, in welcher Hinsicht, gegeben zu haben, bin ich frei von diesem schalen Gefühl, es hätte doch besser gehen müssen.

Die **Extraversion** (wirklich, obwohl es extrovertiert heißt) ist ein bereits von C.G. Jung und H.J. Eysenck beschriebenes Persönlichkeitsmerkmal und natürlich in den verschiedensten Ausprägungen vorhanden. Die Tests zu den Big Five messen nur den Grad der Extra-, bzw. Introversion, es liegt keine Wertung darüber vor. Es ist ein Persönlichkeitsaspekt, der wohl durch Erziehung, Umwelteinflüsse und auch Selbstreflexion und Verhaltenstherapie beeinflusst, aber nicht vollkommen ins Gegenteil verkehrt werden kann.

Die **Empathie** oder Verträglichkeit hingegen finde ich sehr gut „trainierbar", auch wenn es hier sicher anlagebedingte Unterschiede gibt. Würde man nicht an die Erlernbarkeit von Empathie glauben, müsste man von vornherein alle Therapie- oder Resozialisierungsangebote verwerfen.

Der **Neurotizismus** wird von Eysenck wieder als genetisch bestimmte Persönlichkeitsdimension beschrieben. Er sah ihre Ursache in der Erregbarkeit des Limbischen Systems. Menschen, die sich eher in diesem Spektrum befinden, gelten als ängstlich, launisch, empfindlich, reizbar und labil.

Achtung: Neurotizismus ist nicht gleichzusetzen mit Neurose. Neurose bezeichnet bereits einen psychischen Krankheitszustand, Neurotizismus ist einfach ein Persönlichkeitsmerkmal.

Ich bin immer vorsichtig mit allem, was Menschen in Schubladen steckt, aber manche Tests finde ich ganz hilfreich, um mehr über sich zu erfahren. Vor allem finden diese Tests auch in vielen Aufnahmeverfahren Anwendung. Wenn es dich interessiert, schau hier nach.

CTA: https://www.123test.com/de
https://bigfive-test.com/de

***

Bildung

Wir haben einen Bildungsauftrag. Klingt simpel, ist es aber nicht. Bildung ist eines der schönsten Geschenke, das man einem Menschen machen kann. Nur in unserem Fall ist es nicht so romantisch. Das Recht auf Bildung ist ein Menschenrecht (Artikel 26) und wir werden nicht so schlecht dafür bezahlt, diese zu vermitteln. Bei allen Erziehungs-, administrativen und sonstigen Aufgaben dürfen wir nicht vergessen, dass dies unsere erste und vordringlichste Aufgabe ist. Entgegen anders lautender Meldungen wollen auch Kinder genau das – wenn nicht (mehr), ist schon viel schiefgelaufen.

Wie ist es eigentlich um deine eigene Bildung bestellt? Entschuldige diese indiskrete Frage, aber ich habe hier in den letzten Jahren eklatante Lücken bei jungen Erwachsenen gesehen.

Früher waren Lehrer*innen als die notorischen Besserwisser verschrien, weil sie sich schon im Kindesalter gern dem Wissenserwerb gewidmet haben und diese Weitergabe von Wissen oft ihre Intention war, diesen Beruf zu ergreifen.

Dann gab es irgendwann den unsäglichen pädagogischen Trend, dass Lehrer*innen nicht mehr alles (davon konnte ohnehin nie die Rede sein) wissen müssten und die Kinder selbst entscheiden sollten, was sie lernen wollten. Sie sollten recherchieren lernen (sehr gut!) und sich selbst Wissen aneignen. Das ging parallel zu der Entrümpelung von Lehrplänen (auch ok), doch hat man hier das Kind mit dem Bade ausgeschüttet.

Ich habe Kolleg*innen erlebt – zum Glück waren es wenige – die meinten, speziell in der Sonderschule müssten sie doch gar nicht so viel wissen, weil ja ohnehin vom Lehrplan, den Eltern und den Kindern nicht so viel gefordert würde. Bald haben sie vor den ersten unvermuteten Kinderfragen kapituliert.

Da war mir doch die Aussage eines Schülers lieber, der meinte, es mache ihm Spaß, jeden Tag nach dem Unterricht ein wenig mehr zu wissen!

Es besteht hier auch ein großer Zusammenhang zur oben erwähnten Begeisterung. Alles, was ich damit unterrichte und auch eigene Interessen einbringe, wird auch bei den Kids großen Anklang finden – Vorbildwirkung!

***

Bindung – Beziehung

Ein kluger Mensch (angeblich Otto Glöckel) sagte: *Beziehung ist nicht alles, aber ohne Beziehung ist alles nichts.*

Du hast (falls du bereits unterrichtest) eine Beziehung zu den Kindern, ob du willst oder nicht. Es liegt an dir, WIE sich diese Bindung gestaltet.

Ich weiß, dass es für viele junge Menschen, die auch im Privatleben mit mehr oder weniger schwierigen Beziehungen kämpfen (zu Eltern, Lebenspartner*innen, Freund*innen, eigenen Kindern...) eine zusätzliche Bürde bedeutet, sich auch im Beruf mit Beziehung befassen zu müssen. Das ist ein nicht zu unterschätzender Aspekt unserer Arbeit.

Wie viele Berufe gibt es, wo von den Arbeitnehmer*innen genau diese Beziehungsfähigkeit und -arbeit gefordert wird? Wir sind quasi von der job description her zu Emotionalität verpflichtet, wenn wir diese aber zu sehr zeigen, vor allem in Form von Schwäche und Verletzungen, wird uns genau das zum Vorwurf gemacht.

Viele gehen auch mit zu idealistischen Vorstellungen und fehlender beraterischer Begleitung in diesen Hexenkessel von Emotionen, den eine Schulklasse sehr oft darstellt. Gerade die größten Idealist*innen sind oft diejenigen, die schon nach kurzer Zeit verletzt, verbittert und zynisch werden, wenn die Schüler*innen ihr gut gemeintes Beziehungsangebot ablehnen.

Hier braucht es neben hoher emotionaler Intelligenz auch eine solide Professionalität, damit diese Beziehungsarbeit gelingt.

***

Boreout

Ich habe in meinem Index bewusst auf das Stichwort Burnout verzichtet. Dieses ist hinlänglich bekannt, vielleicht fühlst du dich auch selbst betroffen oder gefährdet und hast deshalb nach einem Buch gesucht, das dir bei der Bewältigung dieses Problems hilft oder dem vorbeugt. Zu Burnout wurde schon viel geschrieben und gesagt, ich muss es hier nicht wiederholen.

Weit weniger bekannt ist das Problem des Boreouts. Ich habe für mich schon vor langer Zeit – ziemlich polemisch – festgestellt, dass ich lieber an Burnout als an Boreout zugrunde gehen möchte, denn dann hätte ich zumindest einmal gebrannt. Boreout stellte ich mir wie verlöschen, ohne gebrannt zu haben, vor. Zugegeben, beides keine netten Vorstellungen! Deshalb wollen wir dem ja entgegensteuern, nicht wahr?

Auch die Vorbeugung des Boreouts hängt sehr eng mit deiner Begeisterungsfähigkeit und deinem Interessensprofil zusammen. Ist dir auch bewusst, dass wir einen Rahmenlehrplan haben und du in diesem viele Möglichkeiten zur Selbstgestaltung hast?

Lass dir was einfallen, pfeif auf die Bücher (entschuldigt, liebe Schulbuchautor*innen) – zumindest zeitweise – kreiere neue Projekte und bring Abwechslung in deinen/euren Schulalltag! Geh raus mit deinen Kindern, in Museen, Kaffeehäuser, in die Natur, ins Kino, ins Theater...

Du glaubst nicht, wie diese gemeinsamen Ausflüge verbinden. Das war einer der Punkte, worunter wir in der Pandemiezeit am meisten gelitten haben. ☹

Und denk daran: Es geht nicht immer nur darum, die Kinder zu bespaßen. Auch wir Erwachsene werden unleidlich, wenn wir uns langweilen. Wir merken es nur meist nicht.

CTA: Plane einen Ausflug mit deinen Kindern – aber an einen Ort, wo du noch nicht warst!

***

Brainstorming

Nur ganz kurz, denn du hast diese Technik zur Ideenfindung sicher selbst schon in deiner Schulzeit, deiner Ausbildung oder in Seminaren kennengelernt.

Hast du sie schon einmal mit deinen Schulkindern ausprobiert? Macht Spaß und bringt viel, vor allem auch der Sprachentwicklung und Wortschatzerweiterung (wenn nicht gewertet wird).

***

Chain-Methode

Eine Methode, die nicht explizit mit Schule zu tun hat, aber wie alles, was mit Verhaltenstraining zusammenhängt, auch hier gut einsetzbar ist – sowohl für dich als auch für deine Kids.

Du überlegst dir, welche Verhaltensweisen du in der nächsten Zeit implementieren möchtest (nicht zu viele auf einmal), weist jeder eine Farbe zu und malst für jeden Tag, an dem du sie durchgeführt hast, einen entsprechenden Punkt in deinen Kalender oder Schreibtischunterlage. So sollte eine schöne bunte Kette entstehen – daher der Name.

Beispiele: Sport betreiben – meditieren – weniger rauchen, trinken, essen – zehn Minuten früher von zu Hause weggehen – einen anderen Schulweg nehmen – Tagebuch schreiben…

CTA: Beginne deine Chain mit drei Punkten und führe sie drei Wochen fort.

***

Challenge

Kinder lieben Wettbewerbe. Ich habe das Konkurrenzdenken in meinen Klassen nie gefördert, eher Kooperation und Support, aber irgendwann habe ich gemerkt, dass die Kinder gerne wetten.

Also habe ich mich zur Verfügung gestellt, um so absurde Einsätze wie hartgekochte Eier, die ich essen musste (ich hasse Eier).

Bei den Themen, um die wir gewettet haben, ging es natürlich oft um Inhalte oder Ziele, die ich ohnehin durchbringen wollte (ganz schön manipulativ, ich weiß):

die bekannte Hausaufgabenerfüllung, ein ganzer Schultag ohne Streit, eine Pause, die ich vor der Tür verbringen kann, ohne gerufen zu werden, irgendeine Fertigkeit, die geübt werden muss – du kannst auch mit einzelnen Kindern wetten.

***

Chaos

Ein Begriff, der für viele (Jung)Lehrer*innen präsent ist, oft mit zwiespältiger Konnotation.

Viele empfinden ihr Leben als chaotisch wegen der vielen Heraus- und Überforderungen, denen sie sich ausgesetzt fühlen und sind unglücklich darüber. Der ständige Kampf gegen das Chaos raubt ihnen viel Energie, die ihnen an anderer Stelle fehlt.

Für andere (gar nicht so wenige) ist es schlicht ein Persönlichkeitsmerkmal, das sie mehr oder weniger offen, mit einem gewissen stolzen Unterton präsentieren.

Meine Freundin/Teamkollegin und ich bezeichneten uns auch oft als Königinnen oder Beherrscherinnen des Chaos, weil aufgrund unseres Temperaments, der Fülle unserer Ideen (und damit des Materials, das wir anschleppten) und unserer Spontanität (viele Dinge auf einmal beginnen) **scheinbar** chaotische Zustände in unserem Umfeld herrschten.

Gleichzeitig hatten wir aber immer den Überblick oder konnten ihn uns rasch verschaffen. Ich habe viele Kolleg*innen länger in ihren aufgeräumten Schubladen kramen sehen als uns auf unseren überfüllten Schreibtischen.

Das Chaos ist in vielen Schöpfungsmythen, vor allem der griechischen, der Urzustand, die gähnende Leere, aus der alles entstand. (Ein seltsamer Widerspruch zu den oft überfüllten Räumen, die wir als chaotisch bezeichnen.) Es war Gaia, natürlich eine Frau, die dann Ordnung schaffte.

Was Chaos mit dir macht, ob es dir Angst bereitet, du dich überfordert fühlst oder es als Auftrag siehst, Ordnung zu schaffen, hängt auch wieder stark mit der Betrachtungsweise und deinem Mindset zusammen. Mehr dazu im Kapitel Ordnung.

***

Coaching

Mein Hauptthema schlechthin! Seit ich vor einigen Jahren berufsbegleitend die Ausbildung zum Trainer gemacht habe und dort ein Modul mit dem Inhalt Coachingtools hatte, begann ich zwei Monate später mit dem Coach Lehrgang.

Hier entdeckte ich, dass ich (fast) schon immer diese Haltung und auch vielfach die Methoden eines Coaches in meinem Schulalltag umgesetzt hatte. Mir war die Hilfe zur Selbsthilfe, die Ressourcenfindung und die Steigerung von Resilienz wichtiger als die reine Wissensvermittlung – wobei eines das andere nicht ausschließt.

Ebenso wichtig finde ich das Coaching oder die Beratung (meine dritte Ausbildung) für Erwachsene, die mit Kindern arbeiten, da ich selbst weiß, wie herausfordernd dieser Beruf ist und wie emotional belastend die Arbeit werden kann. Scheue dich nicht, Hilfe zu suchen!

CTA: Kontaktiere mich für ein kostenloses Erstgespräch: https:// andrea-schweiger.at

***

Dankbarkeit

Ich habe vor Jahren in meiner Klasse angeregt, jeden Tag drei Dinge aufzuschreiben, für die man an dem Tag dankbar war. Ja, ich habe bewusst den Ausdruck Dankbarkeit verwendet, damit den Kids klar wird, dass einem Manches auch zufällt, ohne dass man großartig etwas dafür getan hat. Du kannst sie in ein Heft/Buch eintragen oder auf kleine Zettel schreiben, in einem schönen Behälter sammeln und zu irgendeinem bestimmten Anlass lesen lassen.

Trenne hier bitte ganz deutlich von dieser Dankbarkeit, die aus Abhängigkeit entsteht und die jemand erwartet. Das ist ein schreckliches Gefühl und ich weiß, dass ich mich bereits als kleines Kind dagegen gesträubt habe.

Irgendwann, als junge Frau, schoss mir der Satz durch den Kopf: Dankbarkeit ist aller Laster Anfang. Es ist angelehnt an das Sprichwort: Müßiggang ist aller Laster Anfang. Ich persönlich finde Müßiggang, also innehalten, chillen, nichts tun, bei Weitem wertvoller als diese Dankbarkeit, die eine/n verpflichtet. Sie hinterlässt immer diesen schalen Nachgeschmack des Nicht-Genügens, der Schuldigkeit.

CTA: Führe die Aufgabe mit dem Dankbarkeitsbuch oder -zettel selbst durch. Beginne am besten gleich! Es ist wirklich wohltuend.

***

Delegieren

Bitte, tu es!

Ich habe erst sehr spät in meiner Dienstzeit damit begonnen. Vor allem in der Zeit, als Teamteaching bereits eingeführt war (siehe dort), hätte ich mir vieles leichter machen können.

Vielleicht war es Angst vor dem Verlust von Leadership, Überheblichkeit, weil ich dachte, nur ich kann das oder eine falsch verstandene Rücksichtnahme auf meine Teampartner*innen.

Du darfst mich und meine teilweise Überlastung als schlechtes Vorbild nehmen.

So gibst du halt Kompetenzen ab, bekommst dafür aber mehr Freizeit und eine gleichwertigere Partnerschaft.

***

Distanz

Du hast im Laufe deiner Ausbildung oder bei Fortbildungen sicher viel von „gesunder Distanz" gehört. Ich habe mich viele, viele Jahre darum bemüht, dachte immer, dass ich etwas falsch mache, weil ich die Kinder so nahe an mich ranließ. Man warnte mich vor unausweichlichem Burnout, wenn ich keine klare Trennlinie zwischen Beruf und Privatleben zöge.

Ich war Lehrerin aus und mit Leidenschaft und die Arbeit war gleichzeitig mein Hobby. Hier konnte ich viel von dem unterbringen (und mich dafür bezahlen lassen), was mich ohnehin interessierte.

Und ja, Familie hatte ich auch, aber die wurde miteingebunden. Meine Söhne nennen heute noch zwei ehemalige Schülerinnen Abla und werden dafür Kardesim genannt (große Schwester, kleiner Bruder auf Türkisch). Ich habe sicher einmal im Monat Kontakt zu ehemaligen, teilweise schon lange ausgetretenen Schüler*innen. Die Klasse war wohl meine erweiterte Familie, aber ich habe mich nie als Elternersatz gesehen. Davor warne ich wirklich! (Das würde auch in das Kapitel Beziehung passen)

Du musst deine Rolle klar erkennen, sonst kommt es zu Konfusionen, die dich heillos überfordern würden.

Ich wollte hier nur aufzeigen, dass man den Distanzrahmen ruhig auch weit großzügiger aufspannen kann, als dies gemeinhin empfohlen wird.

Was ich an dieser Stelle sage, ist aber sehr subjektiv und keinesfalls allgemein (oder auf dich) anwendbar.

Du musst dir deiner Rolle deutlich bewusst und in deinen Emotionen sehr gefestigt sein.

Meine Grenzen waren da, nur eben weiter gesteckt als bei vielen Kolleg*innen. Ich konnte die Emotionen voll und ganz zulassen, die schönen ebenso wie die weniger schönen. Ich sehe das als Preis, den man dafür zahlt – Ansichtssache eben.

Was in dieses Kapitel passt, ist das Thema des Dissoziierens. Bitte nicht googeln! Du stößt dann auf Dissoziative Störungen und ähnlich Gruseliges. Wir haben den Begriff in der Lebensberaterausbildung verwendet, um das zeitweilige Heraustreten aus sich selbst und die daraus erfolgte Selbstbeobachtung zu beschreiben. Es ist dir sicher auch schon passiert und man kann diese Fähigkeit auch trainieren. Sehr nützlich und hilfreich!

***

Eigenmacht, Eigensinn

Diese beiden Begriffe haben zwar schon eine unterschiedliche Bedeutung, sind aber so eng miteinander verflochten, dass ich sie in ein Kapitel aufnehme.

Der Eigensinn hat sehr viel mit Intuition zu tun, mit Bauchgefühl.

Wenn deine innere Stimme – ja, die aus deinem tiefsten Inneren, nicht die Stimmen aus Social Media, aus dem Lehrerzimmer, der Direktion, aus deinem Elternhaus, einem klugen Ratgeberbuch oder sonst woher – zu dir spricht, dann solltest du unbedingt auf sie hören. Vielleicht musst du an den äußeren Bedingungen ein wenig herumfeilen, rütteln oder biegen, aber besser, du verbiegst diese als dich.

Ein Schlüsselerlebnis in meinem ersten oder zweiten Dienstjahr war, dass ich mich eines Abends gefragt habe, ob ich noch in den Spiegel schauen kann, wenn ich mich weiterhin so verbiege(n lasse). Damals (Beginn der 80er Jahre) wurde von Junglehrer*innen noch sehr viel Anpassung gefordert.

Die Antwort aus meinem Inneren lautete: Nein, dazu haben dich deine Eltern nicht erzogen. Ich habe eine für damalige Begriffe sehr liberale Erziehung genossen und mich in diesen ersten beiden Dienstjahren weit von meinen ursprünglichen Idealen entfernt.

Als ich meinen Eigensinn wiederentdeckt, gehegt und gepflegt habe, brachte mir das auch einen großen Zugewinn an Eigenmacht. Es bleiben in diesem starren Gerüst unseres Schulsystems noch genug Hürden, Barrieren und Stolpersteine übrig, die deine Kreativität und deine guten Ideen begrenzen und bremsen, aber dazwischen solltest du jeden Raum für Eigenmacht ausnutzen, den du findest. Es gibt mehr Räume, als du denkst. Und egal, wieviel du real von deinen Vorstellungen umsetzen kannst: Es kommt auf dein Mindset, deine Betrachtungsweise an oder, wie ein altes Sprichwort sagt: Jeder ist seines eigenen Glückes Schmied.

***

Eltern

Eine mächtige, graue Eminenz im Hintergrund deiner Klasse!

Hat man dich in deiner Ausbildung darauf vorbereitet, dass du es nicht nur mit quicklebendigen, stillen und lauten (!), rotzfrechen, anlehnungsbedürftigen Kindern, extrem coolen, lernunwilligen oder äußerst wissbegierigen, dich ständig prüfen wollenden Jugendlichen, sondern auch mit ihren Eltern zu tun haben wirst?

Diese Eltern, natürlich immer des besten, klügsten, bravsten Kindes, sind nicht nur Eltern, sondern auch Expert*innen für Erziehungsfragen, Unterricht (ich habe auch viele didaktische Ratschläge erhalten) und Schule im Allgemeinen.

Zwei Herangehensweisen konnte ich in den letzten Jahren an meiner Kollegenschaft beobachten:

Entweder angstbesetztes, von Magenschmerzen geprägtes, defensives Verhalten oder das Gegenteil: Die Ich-lasse-mir-das-nicht-gefallen Haltung, ich weiß es besser, ich bin die Lehrerin (stimmt ja auch).

Aber auch dieser zweiten Haltung liegt eine tiefe Angst zugrunde und, wie wir aus dem Tierreich wissen, Angstbeißer sind unter Hunden die gefährlichsten.

An dieser Stelle gebe ich einen der seltenen guten Ratschläge eines früheren Vorgesetzten weiter: Behandelt eure Schulkinder so, wie ihr eure eigenen Kinder behandelt wissen wollt. Dem ist eigentlich nichts hinzuzufügen.

Für das entsprechende Auftreten, eine gesunde Selbstsicherheit und emotionale Stabilität kannst du zu mir ins Coaching kommen. Es gibt hier sehr effektive Formen des Verhaltenstrainings.

Zu deinen eigenen Eltern kommen wir beim Stichwort Familie.

***

Erfahrung

Wenn du diese anstrengenden, herausfordernden Anfangsjahre hinter dich gebracht hast und vor allem Lehrer*in geblieben bist, kommt irgendwann die Belohnung in Form von Erfahrung.

Jetzt kommt wieder eine sehr subjektive Stellungnahme: In diesem Beruf wirst du mit den Jahren (man kann auch Alter sagen) besser und es geht vieles leichter. Vorausgesetzt, du hast anfangs das Meiste richtig gemacht, bist gut und auch professionell mit dir umgegangen und hast dich nicht verheizt (verheizen lassen). Viele ältere Kolleg*innen werden mir an dieser Stelle widersprechen, aber Beobachtungen an anderen, in erster Linie aber an mir selbst, bestätigen diese Erfahrung.

Da ist zum einen die Routine, die dir jetzt viele, zuerst unübersichtliche Arbeiten (Klassenbuch, Schulverwaltungsprogramm, diverse Geldbeiträge einsammeln, Hausübungen, Unterrichtsplanung, Schulbuchbestellung, um nur einige zu nennen) erleichtert, sodass sie nebenher automatisiert ablaufen – meistens jedenfalls.

Schön langsam hast du jetzt auch mit Eltern zu tun, die zumindest gleichaltrig oder sogar schon jünger sind und die dich alleine auf Grund deines Alters jetzt eher ernst nehmen als an deinem Start ins Berufsleben. Ein Effekt, der von selbst kommt. Außer, du siehst sehr jung aus. ☺

Der wertvollste Aspekt ist aber deine zunehmende Selbstsicherheit. Du hast dich genau kennengelernt, viele herausfordernde Situationen gemeistert (d. h. Fehler gemacht und daraus hoffentlich gelernt) und siehst nun deinen Weg zumindest ein Stück weit klarer vor dir. Glaub mir, für diese Selbsterkenntnis und die damit verbundene Freiheit nimmt man gerne ein paar Falten und Kilos in Kauf!

Und vor allem bekommst du diesen Bonus gratis, Lebenserfahrung kommt ganz von allein. Manchmal nicht so schnell, wie man es sich wünscht (wo bleibt das verdammte Selbstbewusstsein, wenn man es braucht), aber je offener du bist und diese Erfahrungen auch zulassen kannst, umso erfüllter wird dein Leben sein – denn der Weg ist auch hier das Ziel.

Eine gewisse Fähigkeit und Bereitschaft zur Selbstreflexion setze ich bei Menschen deines Berufsstandes voraus. Außerdem kann man das natürliche Redebedürfnis von Lehrer*innen dazu nutzen, in Supervision, Coaching, Beratung (am besten bei mir) oder einfach im Austausch mit auch älteren Kolleg*innen daran zu arbeiten und von den Erfahrungen anderer zu profitieren.

Meine Kolleg*innen haben mir zumindest versichert, dass sie die Gespräche mit mir sehr hilfreich fanden – ich hoffe, sie waren nicht nur nett?!

***

Familie

So, da sind wir wieder bei den Eltern. Lass uns zuerst über deine eigenen sprechen.

Ihr Erziehungsstil, die Glaubenssätze, die sie dir mitgegeben haben, beeinflussen deine Lehrerpersönlichkeit mehr, als dir bislang vielleicht bewusst war.

Das wird besonders merkbar, wenn du selbst Mutter oder Vater bist/wirst, aber bereits der tägliche Umgang mit deinen (Schul-)Kindern nimmt etwas von diesem ersten Beziehungsmodell vorweg. Das Thema ist viel zu komplex, um es hier ausführlicher zu erörtern. Ich lasse es mal als Denkanstoß stehen.

Beim nächsten Aspekt können wir auch wieder die Schüler*innen miteinbeziehen.

So wie du sind auch sie Teil einer Familie und damit eines Systems. Jetzt spricht aus mir der systemische Coach, der überall systemische Beziehungen und Verflechtungen sieht, die man professionellerweise bei seiner Arbeit im Blick behalten und berücksichtigen sollte.

Beispiel gefällig? Ein Kind aus einer Familie mit einem oder mehreren alkoholkranken Elternteilen wird vielleicht nicht nur mit chronischer Müdigkeit und leichter Reizbarkeit kämpfen, sondern auch sehr sensibel reagieren, wenn du in einer Biologiestunde die Gefahren von Alkoholmissbrauch besonders drastisch schilderst.

Du hast also immer die Eltern oder die Familie mit im Gepäck, auch wenn sie selten bis gar nicht in der Schule auftauchen.

CTA: Schreib mindestens 5 Glaubenssätze aus deiner Kindheit auf, lies sie durch und beobachte, welche Wirkung sie auf dich haben. Analysiere, ob dir einige auch nützlich waren und welche dich behindern.

***

Fantasie

*„Phantasie ist wichtiger als Wissen,
denn Wissen ist begrenzt."*

Diesem Zitat (Na, wer weiß, von wem das stammt?) ist eigentlich nichts hinzuzufügen.

Viele kennen es, unterschreiben es auch freudig und lassen trotzdem sehr wenig kindliche Fantasie im Unterricht zu.

Fantasie drückt sich nicht nur im Fach Bildnerische Erziehung aus, sondern in vielen anderen Bereichen. Das kann sich in der Sprache zeigen, im Geschichten erfinden, im musikalischen Tun, in kreativen Problemlösungen jeglicher Art.

Wie ist es um deine eigene Fantasie bestellt? Gib ihr wieder mehr Raum in deinem Leben!

(Das Zitat ist übrigens von Einstein.)

***

Fehler

Ein ganz wichtiges Thema in der Schule, oder? Trotz der jahrzehntelangen Forderung von Bildungsexpert*innen sich auf die Stärken von Schulkindern und nicht auf ihre Schwächen zu fokussieren, setzt sich diese Denkweise nur zögernd durch, in der Regelschule noch langsamer als unter Sonderpädagogen.

Natürlich sind wir schon durch den Bildungsauftrag verpflichtet, Fehler der Kinder zu korrigieren, vor allem, wenn es sich um rein sachliche handelt. Siehe auch das Zitat meines Schülers unter dem Stichwort Bildung!

Es ist nur verhängnisvoll, Fehler mit der Person zu verknüpfen und so dem Kind das Gefühl zu geben, **es** sei „fehlerhaft". Also, sachlich, ruhig, hier durchaus ein wenig emotionslos – das können Kinder gut nehmen.

Die Farbfrage halte ich übrigens für nicht relevant. Es war ja eine Zeitlang state of the art nicht in Rot zu korrigieren. Die Korrektur kann auch in himmelblau, zartgrün oder barbierosa erfolgen und trotzdem wenig wertschätzend sein.

Mein älterer Sohn gab mir als Schüler der 4. Klasse einmal einen äußerst wertvollen Input. Seine ansonsten sehr geliebte Lehrerin war einige Zeit sehr unrund und nervös, da die Einführung der Division offenbar mehr Probleme machte, als sie dachte. Sie keppelte und schimpfte, was die Kinder von ihr nicht gewohnt waren. Mein Sohn meinte nachdenklich: „Glaubt sie, dass wir es absichtlich nicht verstehen und gern Fehler machen?" Das habe ich mir hinter die Ohren geschrieben!

Wie sieht dein Umgang mit deinen eigenen Fehlern aus? Geh nochmal zurück zu den Glaubenssätzen weiter oben. Wieviel von deiner Fehlerkultur liegt in dem begründet, was deine Eltern dir mitgegeben haben? Du musst deinen Hang zum Perfektionismus gar nicht aufgeben – ich weiß, viele von uns pflegen ihn wie ein geliebtes Haustier und tragen ihn stolz wie eine Fahne vor sich her. Dazu später unter P noch ein wenig mehr! Vorläufig lassen wir einmal stehen, dass auf dem Weg zum perfekten Ergebnis Fehler passieren dürfen, müssen, einfach werden.

Eine alte, aber durchaus sympathische Lebensweisheit ist ja: Aus Fehlern lernt man. Mir hat es zum Beispiel geholfen, Mathematik selbst sehr gut und verständlich zu unterrichten, weil es für mich das Traumafach schlechthin war. Ich konnte alle Fehler nachvollziehen, die man nur machen kann – wirklich alle. Physik und Chemie habe ich mit Begeisterung unterrichtet, weil ich aus den Fehlern meines schlechten PC-Unterrichts gelernt habe.

Zum Umgang mit eigenen Fehlern gehört auch, wie man dazu steht. Wenn man ständig versucht, sie zu vertuschen, zu verschleiern frisst das mit der Zeit unglaublich viel Energie. Das permanent im Hintergrund anwesende Gefühl der Scham und der Unzulänglichkeit beeinträchtigt die Selbstsicherheit und verursacht Stress.

Fehler, ob es deine Rechtschreibung ist, deine Tafelschrift, ob du Probleme hast mit Pünktlichkeit oder Prokrastination, sollen angeschaut, bearbeitet werden, aber sie gehören eben auch zu dir dazu. Denk auch an die Begriffe Authentizität und Akzeptanz und sei nicht so streng mit dir.

CTA: Versuche, deinen nächsten Lapsus (Kaffeefleck auf der Jeans, nicht nachgefülltes Kopierpapier, verschlafen, Schüler XY angepflaumt...) so richtig schön öffentlich zu machen. Das sollst du nicht jedes Mal tun, aber so hin und wieder kann es richtig entkrampfen.

***

Feiern

Das Kapitel über Fehler ist länger geworden, als ich dachte. Da müssen wir uns beim Feiern ein wenig zurückhalten...

Nein, das sollten wir nicht. Es gehört viel mehr gefeiert in der Schule (und natürlich im Privatleben).

Für die Hardcore-Lehrer*innen unter euch: Bei der Vorbereitung einer Feier kann man (be)rechnen, schreiben, zeichnen, basteln, kochen, planen und vieles mehr, was sich in den Unterricht einbauen lässt.

Ein weitaus wichtigerer Aspekt ist jedoch die Freude, das – wenn oft nur kurze – Abheben aus dem Alltag. Es ist auch eine hohe Wertschätzung der Person (Geburtstag, Rückkehr nach Krankheit...) oder der Sache, die man zum Anlass erklärt: die letzte erarbeitete Malreihe, die letzte oder besonders schwierige Schularbeit (bitte nicht nur bei gutem Notendurchschnitt), Weihnachten, zweiter Schultag (am ersten ist nicht genug Zeit) und vieles mehr.

Schön ist auch, wenn Feiern spontan stattfinden können. Vielleicht legst du einen kleinen Vorrat an Snacks und Getränken an, Musik sollte eigentlich jederzeit verfügbar sein. Und Anlässe finden sich, wie gesagt, immer.

Eines der schönsten Komplimente habe ich bei meiner Verabschiedung am letzten Schultag bekommen. Ein ehemaliger Student und späterer Kollege meinte: „Andrea, von dir konnte man nicht nur das Arbeiten lernen, sondern auch das Feiern."

Danke, Ben!

$$***$$

Flexibilität

Hab ich zu meinem zweiten Vornamen erklärt. Hast du auch schon bemerkt, wie trotz der verschiedenen Raster, in denen wir uns bewegen (Stundenplan, Klassen- und andere Räume, Aufgabenbereiche) viele unvermutete Aufgaben an uns herangetragen werden – oft schon vor dem ersten Kaffee?

Schwieriger wird es noch, wenn unvermutet neue Kinder in dein bestehendes Klassengefüge kommen oder – viel schlimmer – Kinder durch Übersiedlung oder aus anderen Gründen plötzlich abgemeldet werden.

Auch ständige neue unvorhersehbare Herausforderungen in der Klasse, Unterrichts-störungen jeglicher Art stellen deine Flexibilität jeden Tag auf die Probe. Akzeptanz, Reframing, Offenheit und Abstriche beim Perfektionismus sind hier sehr hilfreiche Instrumente.

Ausführlicher möchte ich dazu unter dem Stichwort VUCA World schreiben.

***

FLOW

Diesen Begriff darf man wohl als bekannt voraussetzen, er wird aber oft missverständlich verwendet – zumindest mir ging es so, bis ich vor einiger Zeit das Buch wieder einmal zur Hand nahm und in einem Zug durchlas.

Für mich war Flow immer der Inbegriff der Tiefenentspannung.

Das stimmt zwar zum Teil, doch beinhaltet er auch Konzentration und Leistung. Es bedeutet, dass man vollkommen aufgeht in dem, was man tut und seine Ziele weitersteckt, wenn man das erste erreicht hat.

Dies klingt zwar auch wieder nach dem verpönten Hang zum Perfektionismus, der grundlegende Unterschied ist aber, dass das Ziel nur in einem selbst liegt – also autotelisch!

Der Perfektionist will in erster Linie vor allen anderen gut dastehen, der Mensch im Flow tut, was er tut aus zutiefst intrinsischer Motivation.

Ich habe diesen Zustand nach einigen Dienstjahren erreicht, oder, besser gesagt, erkannt. Erreicht hatte ich ihn vielleicht schon früher, aber erst in einem bestimmten Moment hatte ich ganz deutlich diesen Eindruck des Fließens – Panta Rei!

CTA: Finde in einem ruhigen Moment heraus, was dich in Flow versetzt (hat) und versuche, eine ähnliche Situation in deiner Klasse zu generieren – denke an das Kapitel über Begeisterung.

***

Freude, Fröhlichkeit

Allein diese Wörter strahlen schon so viel von ihrer Bedeutung aus – ich mag sie einfach! Obwohl doch von unterschiedlicher Bedeutung, sind sie für mich von ihrer Wirkungsweise her so verwandt, dass sie in ein Kapitel passen.

Wenn dir die Fröhlichkeit quasi schon in die Wiege gelegt wurde, sei dankbar. Wenn nicht, hier die Frohbotschaft: Man kann dies tatsächlich trainieren.

Ich war als älteres Kind und Jugendliche auch nicht gerade eine Frohnatur. Eher introvertiert, sehr sensibel, offen für alle Probleme der Welt – eine kleine Greta Thunberg, nur nicht so aktiv. Aber das Leben meinte es offenbar gut mit mir, mein schlummernder und verschütteter Hang zur Fröhlichkeit brach durch. Vielleicht auch eine Folge meiner geglückten Berufswahl?

Ich sehe es als eine Mischung aus Genetik, Glück, Erfahrungen, Reflexion und ganz viel Achtsamkeit. Ich habe dieses Stichwort bewusst ausgelassen, weil Achtsamkeit für mich in vielem enthalten ist, was ich an anderen Stellen beschrieben habe oder noch beschreiben werde. Vor allem die Übungen zur Dankbarkeit implementieren die Achtsamkeit, denn dabei sollst du ja den Fokus auf die Dinge lenken, die dir an diesem Tag geglückt sind. Wenn nicht eines oder zwei dabei sind, die dir ein Lächeln ins Gesicht gezaubert haben, denk lieber weiter nach.

Man kann Fröhlichkeit auch ganz simpel über körperliches „Training" initiieren. Du hast sicherlich auch schon von Lach-Yoga gehört. Ich habe es noch nicht ausprobiert, aber dabei wird meines Wissens ein gewünschter Zustand über die motorische Ebene erzeugt.

Ich will das hier nicht vertiefen, aber du könntest es zuerst mit Lächeln probieren, auch wenn dir gerade nicht danach ist. Damit meine ich nicht in einer zutiefst traurigen Stimmung, aber vielleicht in der üblichen griesgrämigen Morgenlaune. Lächle so lange mürrische, wildfremde Menschen, Hunde, Plakate, dein Spiegelbild an, bis dir dein Lächeln ganz natürlich vorkommt – *Fake it till you make it!*

Du kannst auch ungeniert von deinen Kindern abkupfern, lass dich von ihrer Fröhlichkeit anstecken.

Je mehr Anlässe zur Fröhlichkeit du findest, umso öfter wird sich auch diese echte, tiefe Freude einstellen. Ein Student wies mich einmal darauf hin, dass wir Freude empfinden „sollen" – ich hatte in irgendeinem Zusammenhang das Wort Spaß verwendet. Daraufhin ging ich in mich, fühlte mich fast ein wenig oberflächlich und kam dann zu dem Schluss: Manchmal darf es auch einfach nur Spaß machen!

***

Gendern

Jetzt wieder ein großer Sprung in den Begriffen. So ist das halt, wenn man nach dem ABC vorgeht und nicht nach Themen ordnet – aber, um oben anzuknüpfen – es macht Spaß!

Dir ist vielleicht schon aufgefallen, dass ich das Gendern ziemlich rigoros durchziehe in meinen Texten, außer im Untertitel meines Buches. Hier ging es tatsächlich um den Platz und die bessere Lesbarkeit.

Ich habe mich bereits vor Jahrzehnten immer als Lehrerin und nicht als Lehrer gesehen (es schmerzt ein wenig, dass es zum Coach noch keine adäquate weibliche Form gibt – Coachin ist mir doch zu eingedeutscht) und mein Redefluss in der Klasse wurde nie unterbrochen, wenn ich neben der männlichen Form von Substantiven auch die weibliche verwendet habe.

Auch in dieser Frage bin ich nicht allzu dogmatisch, aber ich gebe schon zu bedenken, dass die Sprache unser Denken und unser Handeln beeinflusst – hoffentlich bald so weit, dass auch die Reallöhne von Frauen gleichziehen.

***

Gedichte

Und noch ein Sprung! Ich will ja in diesem Buch nicht allzu viele Unterrichtstipps geben, aber darauf kann ich nicht verzichten.

Ich weiß nicht, wie du zu Gedichten stehst, aber mir haben sie seit meiner Kindheit Freude bereitet und ich wollte sehen, ob das einige Generationen später auch noch funktionieren kann. So habe ich meine Schulkinder mit Gedichten konfrontiert und das zu einer Zeit, als es im Unterricht eigentlich verpönt war und viele Menschen, auch Bildungsexpert*innen, es als sinnloses Auswendiglernen verunglimpften. Gleichzeitig erschienen im Buchhandel und später auch in anderen Medien (YouTube, Podcasts...) viele Anleitungen zum Gedächtnistraining. ☺

Meine Kids jedenfalls liebten die Gedichte genauso wie ich (siehe Begeisterung), der Sprachrhythmus hat für Kinder etwas absolut Lustvolles und sie kommen mit relativ geringem Aufwand zu beeindruckenden Ergebnissen im Auswendiglernen.

Das Tüpfelchen auf dem I ist die szenische Darstellung von Gedichten, das bereits theaterpädagogische Aspekte enthält und bis in die letzten Klassen der Pflichtschule großen Spaß (und Freude) bereitet.

Eine weitere Bereicherung stellt auch das eigene „Verfassen" von Gedichten dar. Ich meine damit nicht nur das Reimwörter-Finden – in vielen Schulbüchern und Arbeitsblättern ohnehin fixer Bestandteil, sondern die Beschäftigung mit Elfchen, Akrostichons, Haikus und vielen anderen lyrischen Formen. Schult Wortschatz und Sprachgefühl ungemein und bringt den Kindern Befriedigung und Erfolgserlebnisse.

CTA 1: Lerne mit deinen Kindern ein Gedicht und überlege dir eine szenische Darstellung.
CTA 2: Lern selbst ein Gedicht.

***

Gesundheit

Ich widme mich hier nicht den Erfordernissen eines guten, fundierten Biologieunterrichts, ich setze voraus, dass du das kannst (falls du überhaupt Biologie unterrichtest).

Nachdem es beim Coaching (der Grundintention dieses Buches) vor allem um psychische und psychologische Inhalte geht, lege ich hier den Fokus auf psychische Gesundheit.

Dazu eine Geschichte: Vor einigen Jahren nahm ich mit meiner Klasse an der Wiener Jugendgesundheitskonferenz teil. Ich meldete uns an und wir sollten uns ein Thema auswählen, zu dem wir arbeiten wollten. Diese Frage delegierte ich an meine Kinder und bat um ein Brainstorming. Nach einigen Minuten teilten sie mir das Ergebnis mit: Sie wollten das Thema psychische Gesundheit, weil Sport, Ernährung, Zähne, usw. wahrscheinlich eh von anderen bearbeitet würden und weil sie zu dem Schluss gekommen waren, dass psychische Gesundheit sozusagen die Basis für ein gelungenes, glückliches Leben ist.

Ich war so stolz und gerührt über diese Einsicht von 13- bis 15-Jährigen, heftete mir das aber insgeheim schon auf meine Fahnen, weil ich sie mit meinem Unterricht offenbar dahingehend instruiert hatte.

***

Glück

Du erwartest dir hierzu einen langen Exkurs? Tut mir leid, dich zu enttäuschen, aber du hast vielleicht schon bemerkt, dass ich die oft verwendeten, etwas überstrapazierten Begriffe eher kurz abhandle.

Ich habe schon in den Kapiteln Flow, Freude, Dankbarkeit, Akzeptanz, Erfahrung (und wahrscheinlich auch in anderen) Auslöser für Glücksgefühle beschrieben, ohne dass du diese explizit angestrebt hast, und ich werde noch unter anderen Stichwörtern genau jene Phänomene behandeln, die zusammengenommen „Glück" ergeben.

Ein lieber Kollege (der anfangs erwähnte Stephan) hat zu unserer Arbeit für die Jugendgesundheitskonferenz ein tolles Motto beigesteuert: *There is no way to happiness, happiness is he way.*

***

Gruppendynamik

Ein wichtiger Aspekt für gelungene Unterrichtsarbeit und damit Zufriedenheit und Wohlbefinden für dich und deine Schüler*innen ist die Beobachtung und Kenntnis der gruppendynamischen Beziehungen in der Klasse.

Ich gehe zwar davon aus, dass du in deiner Ausbildung die 5 Phasen der Gruppenbildung nach Bruce Tuckman kennengelernt hast, fasse sie aber zur Erinnerung noch einmal kurz zusammen. Den englischen Begriffen stelle ich keine Übersetzung gegenüber, aber jene Merkmale, wodurch die jeweilige Phase charakterisiert ist.

Forming	Unsicherheit, Angst
Storming	Machtkämpfe, Rollenklärung
Norming	Gruppenentwicklung, Bindung, Vertrauen
Performing	Differenzierung, Festigung, höchste Stabilität
Adjourning	Auflösung, Abschied, Neuorientierung.

Der Zeitfaktor spielt hier große Rolle. Bei einem Seminar werden die einzelnen Phasen vielleicht nicht einmal eine Stunde oder wenige Stunden dauern (je nach Aufgabenstellung), die Gruppenbildung in einer Klasse kann Wochen, Monate oder – im besten Fall die Performing Phase – Jahre in Anspruch nehmen.

Im Verlauf dieses Prozesses können auch die Rollen der einzelnen Gruppenmitglieder wechseln, trotzdem solltest du dir so früh wie möglich Klarheit darüber verschaffen. Vieles ist auf den ersten Blick erkennbar, Leader, absolute Außenseiter*innen sind leicht zu identifizieren. Andere Rollen sind unter Umständen viel diffiziler angelegt, deshalb aber nicht weniger wichtig oder einflussreich.

Wie gesagt, du kannst dich gut auf deine Beobachtungsgabe und deine Intuition verlassen, es gibt aber auch einfache soziometrische Tests, die man durchaus zu Rate ziehen kann. Der bekannteste geht auf Jacob Moreno zurück. Du stellst eine einfache Frage, z. B. Neben wem würdest du gerne sitzen... in einer Mannschaft spielen... auf dem Schikurs das Zimmer teilen... und gibst jedem Kind ein Blatt, auf dem in Kreisen alle Namen der Kinder stehen. Jetzt soll, vom eigenen Namen ausgehend, zu jedem anderen Namen ein Pfeil gezogen werden, in Grün für positive Zusage, in Rot für Ablehnung.

Hiermit bekommst du einen recht guten Überblick über die Rollenverteilung in deiner Klasse. Ich empfehle dir aber dringendst, diesen Test nur zu deiner eigenen Information zu machen, das den Kindern auch im Vorfeld zu kommunizieren und keinesfalls die Ergebnisse sichtbar zu machen. Diese kannst du in anderer Form und in einem anderen Setting mit den Kindern bearbeiten, denn der Test soll dir ja als Grundlage für deine Klassenbildungsarbeit dienen. Aber die hard facts würde ich aus reiner Rücksichtnahme nicht den Kindern zeigen.

Wie gehst du nun mit diesen Erkenntnissen um? Du kannst die weitere Gruppenentwicklung aus der Beobachterrolle verfolgen, aber als Lehrer*in wirst du vermutlich schon in das Geschehen eingreifen (wollen).

Du kannst hier eventuellem Mobbing vorbeugen, so es nicht bereits geschieht. Du kannst behutsam versuchen, Cliquen aufzubrechen und sie für weitere Kontakte zu öffnen. Du kannst den oder die Anführer*innen mit für die Klasse sinnvollen Aufgaben betrauen und vieles mehr.

In weiterer Folge würde ich die Norming- und Performing-Phase durch viele, regelmäßige gruppendynamische Aktivitäten unterstützen. Eine gute Seite hierzu ist praxis-jugendarbeit.de und es gibt auch sonst ein reiches Literaturangebot zu diesem Thema.

Was bringt es nun dir persönlich, außer einer störungsfreien und lernfördernden Unterrichtsatmosphäre (denn dort, wo gruppendynamische Konflikte nicht mehr Hauptthema des Schulalltags sind, kann man sich ungehindert der Hauptaufgabe des Unterrichts widmen)?

Mehr als du denkst! Du kannst deine eigene(n) Rolle(n) in deinen diversen Systemen, denen du angehörst, hinterfragen und versuchen, gegenzusteuern, wo du Bedarf siehst. Du kannst sehr reflektiert deine eigene Rolle in der Klasse betrachten und Überlegungen zum Thema Manipulation und Leadership anstellen. Dazu später noch mehr.

***

Haltung
Auch hierzu wurde schon vieles gesagt, z. B. in Authentizität, Beziehung, Freude, ich finde den Ausdruck aber so aussagekräftig und stark, dass ich ihn nicht auslassen wollte.

Deine Haltung ist, meiner Meinung nach, eines der wichtigsten Kriterien für ein gelingendes, erfülltes Lehrerleben. Du kannst noch so umfassend gebildet sein, eine kreative Persönlichkeit mit tollen Ansätzen und Ideen, wenn du all das nicht zum Ausdruck bringst und lebst, hast du keinen Gewinn davon.

Haltung hat für mich auch viel mit der schon beschriebenen Gewissenhaftigkeit zu tun. Einer der Hauptpfeiler deiner Haltung sollte auf jeden Fall die Wertschätzung und der Respekt deiner Kinder, aber vor allem auch dir selbst gegenüber sein.

Mir fällt dazu ein Ausdruck meines Lieblingspsychiaters Viktor E. Frankl ein, von der Trotzmacht des Geistes. Er meinte: *„Man muss sich nicht alles von sich selbst gefallen lassen.“*

Der Begriff Haltung drückt sich auch in der Körperhaltung aus. Wie stehst du vor deinen Kindern? Mit hochgezogenen Schultern, verkrampft, defensiv, breitspurig, einschüchternd…? Das Gebot, unseren Schüler*innen „auf Augenhöhe“ zu begegnen, muss nicht wörtlich genommen werden, vor allem nicht in Volksschulklassen. ☺

***

Heuriger

Ich muss diesen Begriff hineinnehmen! Mit meiner letzten Klasse war ich beim Heurigen, vollkommen sinnbefreit, nur zum Spaß – zu Mittag, nicht am Abend.

Den Kindern habe ich es so vermittelt, dass dies sozusagen ein kulturelles Programm sei, dass sie als Wiener Kinder auch einen Heurigen kennenlernen müssen.

Aber jenseits aller Argumente, es hat uns allen einfach unglaublichen Spaß gemacht!

Der nächste geplante Besuch, am Abend, mit den Eltern und zu Heurigenmusik fiel leider Corona zum Opfer. ☹

***

Hilfe

Hilfe geben, aber auch Hilfe annehmen ist etwas zutiefst Menschliches und Wichtiges und einer der Hauptbestandteile unserer beruflichen Intention, wenn du es konsequent durchdenkst.

Das Unterrichten, Lehren bedeutet ja, anderen zu einem Mehr an Bildung und zu Strategien für ein gutes Leben zu verhelfen.

Diese äußerst lobenswerte Haltung verführt aber viele dazu, in der Rolle der/des Helfenden zu bleiben. Das impliziert auch die Annahme, besser als der/die Betroffene zu wissen, was gut für sie/ihn ist und kann zu Widerstand führen oder zu Abhängigkeit.

Ich habe mir in vielen Jahren Lehrertätigkeit erarbeitet, Hilfe nur zu geben, wo sie erbeten wurde. Vor allem haben sich meine Hilfestellungen immer mehr in Angebote und Anleitungen zur Selbsthilfe gewandelt. Das führte zu viel größerer Zufriedenheit bei mir und all meinen „Klient*innen".

Scheue dich auch nicht, selbst Hilfe zu suchen. Es klingt sehr abgedroschen, aber es ist tatsächlich keine Schande, Hilfe anzunehmen. Falls du es nicht so siehst, überdenk einmal deine eigene Fehlerkultur und deinen Umgang mit Schwächen. So schwer, wie es einem fallen kann, um Hilfe zu bitten, zeigt erst die tatsächliche Stärke eines Menschen. Glaub mir, ich weiß, wovon ich rede, das war eines der Hauptthemen in meinem Leben, das ich bearbeiten musste.

CTA: Überleg dir relativ zeitnah eine Situation, wo du Hilfe brauchst (notfalls erschaffe eine) und bitte darum. Vielleicht sogar deine Kinder?!?

***

Hobby
Unter Begeisterung habe ich bereits beschrieben, wie beglückend es sein kann, seine Interessen und Vorlieben mit anderen zu teilen. Ich erwähne es hier nochmals.

Nicht nur, dass eine Vielzahl von Hobbies dein Leben abseits vom Arbeitsalltag bereichert, du befindest dich auch in der glücklichen Situation, einen der seltenen Berufe zu haben, in dem du diese in deine Arbeit integrieren kannst. Denk an den Rahmenlehrplan!

Manches wirst du vielleicht gut argumentieren müssen, wenn deine Vorgesetzten dich überprüfen, aber ich bin sicher, dir fällt eine kreative Lösung ein. Notfalls beruf dich auf dieses

Buch und erzähl etwas von Beziehung, Flow und erweitertem Bildungsangebot!

***

Humor

Eine der essenziellsten Zutaten meines glücklichen Lehrerlebens. Was haben wir gelacht, geschmunzelt, gekichert, miteinander und übereinander...

Wenn ich im Laufe meiner langen Dienstzeit zwischendurch Bestandsaufnahmen machte und auch in Gesprächen thematisiert wurde, was man für Eigenschaften besonders braucht und pflegen sollte, kamen lange Zeit ganz unterschiedliche Dinge aufs Tapet: Disziplin, Konsequenz, Liebe, genaue Planung, Selbstorganisation usw.

Irgendwann schlich sich auch der Humor in die Liste und im Lauf der Zeit wanderte er ganz nach oben im Ranking. „Mit Humor geht alles leichter." Auch wieder so eine abgedroschene Altersweisheit, magst du dir vielleicht denken, aber was alles beinhaltet dieser Begriff?

- Fröhlichkeit
- Dankbarkeit
- eine positive Sichtweise auf viele Dinge
- Reife, Selbstreflexion, Selbstironie
- ein liebevollerer Umgang mit sich selbst und anderen
- Gemeinschaftsgefühl

Soll man darauf verzichten?

***

Idealismus

Idealismus ist eine Eigenschaft, die manche Außenstehende unserem Berufsstand a priori zuweisen – entweder als Forderung oder als Annahme.

Aber auch ein großer Teil der jungen Menschen, die sich für diesen Weg entscheiden, bezeichnen sich als Idealisten, weil in ihnen dieses Gefühl des selbstlosen Altruismus, des unbedingten Helfenwollens anfänglich sehr präsent und fast übermächtig ist.

(All jene, die den Job immer noch wegen der angeblich vielen Freizeit gewählt haben, fühlen sich jetzt bitte nicht angesprochen.)

Wenn wir aber zu den Anfängen dieser philosophischen Strömung zurückkehren, sehen wir, dass sie ursprünglich davon ausgeht, dass die wahrnehmbare Wirklichkeit nur Abbild ihres tieferliegenden, eigentlichen Wesens ist.

Siehe dazu Platons Höhlengleichnis. Die materiellen Dinge seien erst durch Ideen bzw. geistige Einflüsse entstanden. Das ist gemeint mit der bekannten Formulierung „Das Bewusstsein bestimmt das Sein". Daraus wurde eine politisch-soziale Weltanschauung, die auf bestimmte Ideale gerichtet ist und das politische Handeln an diesen Idealen orientiert (teilweise zitiert aus bpb.de). Ganz schön komplex, nicht wahr?

Dagegen stinkt diese vereinfachte Ansicht, Idealisten müssten oder dürften selbstlose Tagträumer sein, die für wenig oder gar kein Geld Großes vollbringen, doch gewaltig ab. Denn in dieser Betrachtungsweise bekommt Idealismus nämlich oft den unangenehmen Beigeschmack des intoleranten Weltverbesserers, des moralinsauren Experten für sowieso alles. Jene kippen mehr oder weniger schnell in eine verbitterte, manchmal auch zynische Haltung, wenn die Realität mit ihren idealen und ideellen Vorstellungen kollidiert.

Dagegen hilft eine gesunde Portion Realität und Pragmatismus.

Schau hin: das Leben, auch in einer materiellen Welt ist schön, bunt, manchmal auch schrecklich, sehr oft grau (eine vielfach unterschätzte Nicht-Farbe), aber immer abwechslungsreich – wenn du es zulässt. Und es ist nicht ganz so unfair, wie du vielleicht an trüben Tagen meinst.

Du arbeitest gefühlt viel mehr, als du verdienst? Dafür wirst du hoffentlich mit einem spannenden Unterricht und interessierten Kids belohnt.

Die Kinder nehmen deine gut gemeinten Beziehungs- und Hilfsangebote nicht an (Du weißt, was „gut gemeint" ist?)? Vielleicht brauchen sie sie nicht – Stichwort Hilfe.

Sie behandeln dich generell schlecht und respektlos? Es gibt viele Möglichkeiten, das zu ändern.

Deine Freunde in der Privatwirtschaft haben einen späteren Arbeitsbeginn und Homeoffice? Dafür hast du tatsächlich mehr Ferien.

Du bist überhaupt mit deiner Berufswahl unzufrieden? Es war deine Entscheidung – oder?

Du hast so viele Möglichkeiten, eine unbefriedigende Arbeitssituation zu verändern. Entweder du drehst an den entsprechenden Schrauben in der aktuellen Situation oder du beendest sie ganz. Manchmal ist ein Sprung ins kalte Wasser durchaus erfrischend und auf jeden Fall besser, als ein Arbeitsleben lang unglücklich zu bleiben (und es andere zu machen).

***

Ikigai

Weil wir da oben jetzt gerade so tiefgründig und eher kritisch unterwegs waren, will ich meine strenge ABC-Ordnung ausnahmsweise unterbrechen (die Zwänglerin in mir jault auf) und dir eine äußerst positive Strategie zeigen, wie du große Lebensentscheidungen, wie die Berufswahl eine darstellt, angehen kannst.

Ikigai kommt, wie unschwer zu erkennen ist, aus dem Japanischen und bedeutet: das, wofür es sich lohnt, jeden Morgen aufzustehen. Hochtrabender formuliert: der Sinn des Lebens.

Gut zu ersehen in dieser grafischen Darstellung:

Leidenschaft		Aufgabe
Worin ich gut bin	**IKIGAI**	*Was die Welt braucht*
Beruf		Berufung

Es gibt zu Ikigai bereits unzählige Bücher mit vielen Handlungsaufforderungen und Übungen, die du gut allein durcharbeiten kannst. Mehr Sinn und Gewinn verspricht es allerdings, wenn man dieses Thema als Grundlage für ein Präsenzcoaching nimmt.

Entsprechende Fragen und Denkanstöße einer zweiten Person sowie weitere Entscheidungshilfen und Strategien können das Buch umfassend ergänzen.

***

Identität

So, jetzt wieder weiter im ABC.

Dieser Begriff hat für mich so eine immense Tragweite, dass ich ihm sogar meine Diplomarbeit für den Lebens- und Sozialberater-Lehrgang gewidmet habe: *Sprachliche, ethnische und kulturelle Einflüsse auf die Identitätsbildung – untersucht im narrativen Interview.*

Dies ist selbstverständlich ohne jegliche Wertung zu verstehen. Die oben genannten Einflüsse können sowohl positive als auch negative Auswirkungen und Kontroversen hervorrufen. Wenn man sie eben wertfrei oder auch wohlwollend betrachtet, können sie viel zu einer gelingenden Identitätsbildung beitragen.

In der Beratung würde ich hier als wichtige Instrumente Biografiearbeit und Genealogie wählen, weil sie eine/n sehr schön zurück zu den eigenen Wurzeln führen kann.

Und natürlich sind für die eigene Identität viele andere Faktoren ebenso maßgeblich wie sprachliche, kulturelle oder ethnische Einflüsse.

Diesen zugrunde liegenden Fragen – Wer bin ich eigentlich? Was macht meine Persönlichkeit aus? – solltest du dich auch stellen, wenn du in der 17. Generation eine Waldviertler Bauerntochter oder ein Wiener Arbeiterkind bist.

CTA 1: Lass deine Eltern oder andere Verwandte Geschichten aus deiner Familie erzählen. Glaub mir, du findest in deiner Verwandtschaft sicher Menschen, die nur darauf gewartet haben. Nimm dir Zeit!

CTA 2: Lege mit Familienfotos einen Stammbaum. Beide Aufgaben kannst du natürlich auch mit den Kindern durchführen. Ein sehr bereicherndes Projekt, vor allem, wenn du es um kulinarische, musikalische und sonstige Mitbringsel erweiterst.

***

Inklusion

Für dich ist dieser Begriff sicher vollkommen selbstverständlich, du hast ja sogar ein Semester dazu in deiner Ausbildung, oder?

Der Vorläufer dieses Begriffs war Integration. Egal, beides waren schon immer Reizwörter für mich (mehr dazu unter Sonderschule, Sonderpädagogik) und weckten meinen Widerspruchsgeist. Natürlich kannte ich beide Begriffe, aber in anderen Zusammenhängen und Kontexten.

Als leidenschaftliche und bekennende Sonderschullehrerin fragte ich mich, wer oder was wohin integriert, bzw. inkludiert werden sollte. Diese Begriffe sind sehr wohlmeinend und die Leute, die sie sich ausgedacht hatten, haben sicher jahrelang daran getüftelt.

Ich weiß schon, dass man damit das böse Wort Sonderschule eliminieren und vor allem dem Wunsch vieler Eltern nachkommen wollte, die ihr Kind partout nicht als Sonderschüler*in sehen konnten.

Verständlich, doch was mich aufregt, ist, dass es nicht um den Inhalt, die Substanz, um Wesentliches geht, sondern nur um Begrifflichkeiten. In Wahrheit ist es ein Etikettenschwindel.

Das Kind besucht zwar eine „normale" oder Regelschule, innerhalb dieser findet dann die Segregation statt. Die Kinder werden (hoffentlich) von einer Sonderpädagogin betreut, die oft auch mit ihren Kindern die Klasse verlässt. Wenn nicht, stelle ich mir den Lärmpegel vor, wenn um die 20 Kinder und mindestens zwei Lehrer*innen gemeinsam in einem Raum unterrichten.

Liebe alle, die ihr in einer Integrationsklasse mit einem gut funktionierenden Team, wo sich alle auf Augenhöhe begegnen, arbeitet und alle Kinder nach bestem Vermögen gefördert werden: Bitte, schreibt mir keine bösen Briefe, ich **glaube**, dass es das durchaus irgendwo gibt. Oder schreibt mir doch, ich bin eine hoffnungslose Optimistin und freue mich immer über gute Nachrichten aus der Schule.

Ich **weiß** aber – und das lässt mich gerade etwas verbittert klingen – dass es sehr oft nicht gut funktioniert. Seit Einführung und Bestehen der Integrationsklassen durfte ich jedes Jahr Kinder auffangen, die unter diesen unausgegorenen Reformbestrebungen zu leiden hatten. Sie wurden unter suboptimalen Bedingungen unterrichtet, ihr „Anderssein" wurde ihnen viel deutlicher vor Augen geführt, als das in einer Sonderschule der Fall gewesen wäre. Die ständige Konfrontation mit dem VS-Lehrplan zeigte ihnen deutlich, was sie nicht konnten oder was man ihnen nicht zutraute.

Die allermeisten Kinder mit Lernschwächen sind intelligent genug, um diese Unterschiede wahrzunehmen und teilweise noch zu überhöhen. Meine Aufgabe in den ersten Wochen, manchmal Monaten, war es, das Selbstbewusstsein und den Selbstwert dieser Kinder wieder aufzubauen. Manche mussten buchstäblich wieder lernen, den Kopf hochzutragen. Durch adäquaten, differenzierten Unterricht verschaffte ich ihnen die

Erfolgserlebnisse, die es braucht, um wieder an sich und seine Fähigkeiten zu glauben.

***

Inneres Team

Der Begriff Inneres Kind ist im allgemeinen Sprachgebrauch weit verbreitet und viel bekannter, deshalb möchte ich mich an der Stelle mit diesem Persönlichkeitsmodell befassen.

Es geht auf den Hamburger Psychologen Friedemann Schulz von Thun zurück.

Er beschreibt darin die verschiedenen Persönlichkeitsanteile jedes Menschen (nicht zu verwechseln mit multiplen Persönlichkeiten im pathogenen Sinn) als Team.

Das übergeordnete Selbst oder Ich ist der Teamleiter. Die Teammitglieder sind die verschiedenen Aspekte der Gesamtpersönlichkeit und unterscheiden sich genauso wie die echten Mitglieder eines Teams. Sie können sich im Außenkontakt zeigen oder auch nur nach innen wirken, als Gedanken, Gefühle oder auch körperliche Empfindungen. Sie unterliegen ähnlichen Bedingungen der Gruppendynamik, wie wir sie im entsprechenden Kapitel kennengelernt haben.

Die Arbeit mit dem Inneren Team in einem Coaching-Prozess ist ein mächtiges Instrument zur Integration dieser verschiedenen Persönlichkeitsanteile und verhilft in jedem Fall zu mehr Selbsterkenntnis und Authentizität.

***

Johari-Fenster

Ein Tool aus dem Coaching- und Beraterkontext zur Gegenüberstellung von Selbst- und Fremdwahrnehmung, sehr hilfreich für die Verbesserung der persönlichen Kommunikation und der Vertrauensbildung in einem Team. Man geht davon aus, dass sich die Kommunikation verbessert, wenn sich Selbst- und Fremdbild annähern.

Es wurde von den beiden Sozialpsychologen Joseph Luft und Harry Ingham bereits 1955 entwickelt. Der Name setzt sich aus den Vornamen der beiden Wissenschaftler zusammen.

Trotz seines hohen Alters ist das Johari-Fenster noch immer ein häufig genutztes Instrument für alle Arten von Teams und Teamarbeiten.

JOHARI FENSTER

Selbst- und Fremdwahrnehmung

	Mir bekannt	Mir unbekannt
Anderen Bekannt	Öffentlich Alles, was ich von mir preisgebe	Blinder Fleck Was andere an mir wahrnehmen, mir aber nicht bewusst ist
Anderen Unbekannt	Mein Geheimnis Mir bekannt, verberge es aber	Unbekannt/Unbewusst Mir und anderen unbewusst

Du brauchst dazu eine Grafik und eine Liste von 56 Adjektiven (ebenfalls auf einschlägigen Seiten zu finden). Diese trägst du selbst in eine Kopie der Grafik ein, sowie für alle Teilnehmer*innen deiner Gruppe (und diese für dich).

Das wäre doch eine spannende Aufgabe für eine Konferenz oder eine SCHILF zum Thema Kommunikation. Die vier Fenster haben auch nie diese ausgewogene Größe, es ist ganz normal, dass manche größer sind. Wenn es das Fenster mit dem blinden

Fleck ist, besteht der größte Handlungsbedarf. Dann solltest du unbedingt an deiner Selbstwahrnehmung arbeiten!

Mit etwas älteren Kindern oder Jugendlichen kann man diese Übung auch durchführen, sie finden ab dem Eintritt in die Pubertät alles, was mit Selbst- und Fremdwahrnehmung zu tun hat, extrem spannend und es bietet unendlichen Gesprächs- und Diskussionsstoff.

CTA: Siehe oben!

***

Klasse = Gruppe

Hierzu habe ich im Kapitel Gruppendynamik schon das Wichtigste gesagt.

Ich möchte aber noch einmal betonen, dass die Arbeit am Klassenklima, am Teambuilding, an kommunikativ-sozialen Inhalten deine Hauptaufgabe bei einer Klassenübernahme, am Beginn eines Schuljahres und jederzeit bei Krisen sein sollte. Du kannst Jugendliche bereits früh mit einfachem psychologischem Wissen bekannt machen.

Ich finde es eine sträfliche Vernachlässigung, dass Jugendliche, wenn überhaupt, in der Oberstufe von humanistischen Gymnasien eine Stunde Psychologie im Curriculum haben. Oft ist es wieder ein Fach mehr, in dem trockene Fakten, gespickt mit unverständlichen Fachtermini und Jahreszahlen vermittelt werden. Dabei wäre gerade die Beschäftigung mit den inneren Vorgängen eines Menschen so wichtig z. B. für die Bildung von Empathie und Identität.

Auf die Einwände von Kolleg*innen, Vorgesetzten und Eltern, dass bei dir zu wenig Unterricht stattfindet und nur „gespielt und geredet" wird, kannst du ganz selbstbewusst antworten, dass du zuerst die Grundlage für gedeihliches Lernen schaffen willst, indem du die Sozialkompetenz der Kinder stärkst.

Hältst du nur „den Deckel drauf", wenn es in der Klasse brodelt, weil die Schularbeitsvorbereitung oder die Lehrplanerfüllung wichtiger sind, wird dir selbiger irgendwann um die Ohren fliegen. Störungen haben immer Vorrang. Wenn du bisher mit einem mulmigen Gefühl im Bauch deinen Stoff durchgezogen hast, weil die Kids laut, unaufmerksam, aggressiv sind, lass einmal Unterricht Unterricht sein und widme dich diesen Symptomen. Es lohnt sich.

***

Klasse = Raum

Es lohnt sich ebenso, seiner Lernumgebung, in der manche mehr Zeit verbringen als in ihrer Wohnung – wenn man Unizeiten, Ausgehen, Erledigungen abzieht – mehr Aufmerksamkeit zu widmen, als gemeinhin geschieht. Auch hier hast du wieder so eine Beschränkung durch einen äußeren Rahmen, in dessen Grenzen du aber recht individuell agieren kannst.

In meinen letzten Dienstjahren wurden die Klassen meiner Schule zunehmend mit Vorhängen ausgestattet. Ich hab es leider nicht mehr erlebt. Danke, MA 56! ☹

Über die Schönheit und die ökologische Bedeutung von Grünpflanzen brauche ich dir wahrscheinlich nichts zu erzählen.

Ich denke, dass du in der Möblierung stärkeren Einschränkungen unterworfen bist als ich noch vor einigen Jahren. Meine Klasse war zu einem guten Teil mit Regalen aus der Firma meines Mannes, einem Sofa und Kissen von zu Hause und sogar einem „Friseurwagerl" (für Kleinteile, sehr praktisch) ausgestattet. Die schulfremden Regale wurden von unserem Schulwart auf meine Bitte hin akribisch und erdbebensicher an die Wand geschraubt. Die brauchte ich für die vielen Bücher und Spiele aus meinem Privatbestand.

Um den Kindern ein gutes Ordnungssystem zu bieten, habe ich ein Regal aus einem schwedischen Möbelhaus angeschafft, waagrecht aufgestellt und sie alle nicht aktuell benötigten Schulsachen in den großen Plexiglasboxen unterbringen lassen.

Ganz besonderes Augenmerk solltest du auf die Sitzordnung legen. Ich habe jahrelang herumexperimentiert – es ist auch legitim, die Sitzordnung ein paarmal im Jahr zu verändern, die Sessel und Tische sind ja nicht angeschraubt. Manchmal haben wir sie auch zwei-, dreimal am Tag umgestellt, wenn zum Beispiel Stationenbetrieb, Gruppenarbeit oder Einzelarbeit war. Die Kinder waren nach kurzer Zeit sehr versiert im Möbelschleppen, es bringt willkommene Bewegung und lehrt sie, ihre Arbeitsplätze effizient zu gestalten. Was denkst du, war in punkto Kommunikation die wirksamste Sitzordnung? Richtig, das U!

Eine meiner beliebtesten gruppendynamischen Übungen war auch, die Sitznachbar*innen jedes Vierteljahr zu wechseln. Hier ging ich relativ diktatorisch vor, das heißt, die Kids durften nur in der ersten und letzten Schulwoche wählen, neben wem sie sitzen wollten, ansonsten war es meine Entscheidung (in Absprache mit meiner Teamkollegin).

Entscheidend war für mich nicht nur die „orthopädische Frage" der Sitzhaltung (im U nicht unwesentlich), ich wollte vor allem eine zu starke Cliquenbildung vermeiden, schlicht und einfach exzessives Tratschen verhindern und die Kinder zu neuen Bekanntschaften ermutigen, die sie sonst freiwillig nicht gesucht hätten.

Übrigens alles kein Problem, wenn man solche Entscheidungen klar kommuniziert, also erklärt. Außerdem hatten sie bei vielen Unterrichtsformen ohnehin keine starre Sitzordnung.

***

Kommunikation

Dieses Thema schließt jetzt fast nahtlos an das obige an. Du hast wahrscheinlich schon bemerkt, dass es bei mir im Ranking meiner „glücksbringenden" Unterrichtszutaten ganz weit oben steht.

Man kann nicht nicht kommunizieren (Paul Watzlawick) und *Wer anständig kommuniziert, muss sich nicht schlagen* (Andrea Schweiger) waren meine Hauptprämissen in dem von mir implementierten Schulfach KoSo (Kommunikation/Soziales), danke Rahmenlehrplan!

Mittlerweile ist es an vielen anderen Schultypen gängige Praxis. Man kann hier auch gut psychoedukativ arbeiten, indem man den Kindern durchaus Hintergrundwissen anbietet, z. B. das Sender-Empfänger Modell, diverse Kommunikationsstile und auch Wissen über non-verbales Kommunizieren.

Vor allem sollte man aber **mit** den Kindern reden, reden, reden, sie zu Wort kommen lassen, ihnen aufmerksam, geduldig und möglichst ohne zu werten zuhören.

Aus der Gewaltfreien Kommunikation kannst du vor allem mitnehmen (auch außerhalb der Klasse), wie wichtig es ist, seine Gefühle klar auszudrücken und sich auf die Bedürfnisse des Gegenübers einzustellen.

An anderen Stellen noch mehr dazu.

***

Konflikte

Wo Menschen sind, gibt es auch Konflikte. Sogar allein kannst du intrapersonelle Konflikte mit dir austragen.

Aber wir wollen hier gar nicht zu sehr psychologisieren, dazu ist dieses Thema zu umfangreich. Hinweise dazu findest du auch am Ende des Buches in der kleinen Literaturliste, die ich zusammengestellt habe.

An dieser Stelle möchte ich dir nur ein bisschen die Angst vor Konflikten nehmen und die allgemein verbreitete Vermeidungshaltung hinterfragen.

Wenn du bemerkt hast, wie wichtig mir z. B. Fragen wie (radikale) Akzeptanz, Authentizität, Eigensinn, Gruppendynamik und vor allem Kommunikation sind, kannst du dir vielleicht schon vorstellen, wie ich den Großteil meines Lehrerlebens mit Konflikten umgegangen sind – sehr offen. Ich hatte auch keinen Teppich in der Klasse, unter den ich sie hätte kehren können. ☺

Konflikte waren mir nicht unbedingt willkommen, aber wenn sie schon da waren, habe ich mich damit beschäftigt und auch die Kinder dazu – teilweise – genötigt.

Denk daran, Störungen haben immer Vorrang! Den Kids wäre es oft lieber gewesen, ich hätte als das Alphatier der Klasse eine Entscheidung im Sinne eines Machtworts gesprochen und den Konflikt(-gegenstand) beseitigt, aber ich habe sie ihre Konflikte immer ausagieren lassen. So haben sie sehr viel gelernt und ich kann Reinhard Sprengers Untertitel *Warum ihn jeder braucht und wie er uns weiterbringt* nur unterschreiben.

Jetzt kommt aber doch noch ein Nachsatz, denn man sollte sich anbahnende oder schon bestehende Konflikte erkennen und einordnen können. Das sind die berühmten Eskalationsstufen von Friedrich Glasl, aus Wikipedia kopiert.

Konflikteskalationsmodell nach Glasl

Verhärtung

    Debatte/Polemik

        Taten statt Worte

            Images und Koalitionen

                Gesichtsverlust

                    Drohstrategien/Erpressung

                        Begrenzte Vernichtungsschläge

                            Zersplitterung/Zerstörung

                              Gemeinsam in den Abgrund

Von 1–3	von 4–6	von 7–9
WIN-WIN möglich	WIN-LOSE	LOSE-LOSE

Wiederum nicht nur für Schulklassen relevant, sondern für jede Art von Konflikten, denen du begegnen solltest.

***

Kongruenz

Vielleicht ist dir dieses Wort nur aus dem Mathematikunterricht bekannt, **hier** meint es die Übereinstimmung zwischen Gefühlen, Gedanken und Verhalten.

Es hat sehr viel mit Authentizität zu tun, ich widme ihm aber trotzdem einen kleinen eigenen Platz.

Es erhebt – finde ich – nicht so einen hohen Anspruch wie Authentizität, die gleich die ganze Person umfasst, sondern du kannst sie in kleineren Schritten üben.

Wenn du mit Kopfschmerzen in die Schule kommst, dich über den anhaltenden Lärmpegel in der Klasse ärgerst und jetzt trotzdem – eingedenk meines Kapitels über Fröhlichkeit – mit einem strahlenden Lächeln vor den Kindern stehst, bist du nicht kongruent. Verstanden?

Die Kinder schätzen hier eine offene Ansage (darf auch gerne etwas lauter und barscher sein) mehr, weil sie sich dann nicht diesen Widerspruch erklären müssen. Und glaub mir, Kinder sind Seismologen für inkongruentes Verhalten.

CTA: Achte in der nächsten Zeit besonders auf Situationen, in denen du kongruentes Verhalten üben kannst.

***

Konsens

Der Konsens sollte idealerweise am Ende jeder Konfliktbearbeitung stehen.

Man strebt viel öfter einen Kompromiss an (manchmal geht es auch nicht anders), doch dabei steht das Nachgeben im Vordergrund, man bewegt sich zwar aufeinander zu, trifft sich aber sehr oft nicht genau in der Mitte, sodass eine Partei deutlich mehr Gewinn erzielt. Deshalb gibt es auch den Ausdruck „fauler Kompromiss". Es bleibt dann ein unangenehmer Nachgeschmack.

Der Konsens hingegen zielt auf eine 100%ige Übereinkunft aller Konfliktparteien. Es soll so lange verhandelt, diskutiert werden, bis für alle Beteiligten eine zufriedenstellende Lösung gefunden wurde.

Dies ist natürlich eine Zeitfrage, das eine schließt aber das andere nicht aus. Du kannst z. B. für einen Konflikt, der gegen Unterrichtsende aufbricht, zuerst einen Kompromissvorschlag machen oder auch ein Machtwort sprechen, zu einem gegebenen Zeitpunkt aber nachverhandeln lassen, bis ein Konsens erzielt wurde.

∗∗∗

Kreativität

Ich habe den Ausdruck sicher schon mehrfach an anderen Stellen dieses Buches verwendet, auch im Kapitel Fantasie habe ich mich eigentlich dafür stark gemacht, doch ich möchte noch einmal ausdrücklich betonen, dass wir der Kreativität in der Schule (generell in unserem Leben) mehr Raum geben sollten.

Und noch einmal: Kreativität hat ihren Platz und ihre Berechtigung nicht nur im Fach Bildnerische Erziehung, sondern umfasst alle Bereiche.

Egal, ob es um kreative Lösungsansätze in der Mathematik geht, beim Verfassen von Gedichten und Geschichten, beim Finden origineller Ausreden für nicht gemachte Hausübungen, bei der Klassenraumgestaltung, bei Konfliktlösungen – alles hat seine Berechtigung.

Kreativität hat mit Offenheit zu tun, aber auch mit Begeisterung, Boreout- und Burnoutprävention, zudem mit Flow, Fröhlichkeit und Humor. Eingetretene Pfade zu verlassen und öfter einmal quer zu denken führt dich sicher auf den „Way of Happiness."

Bitte nicht die Ausflüchte: „Ich bin eben nicht kreativ. Ich habe keinerlei künstlerische Begabung." Diese Leute halten andere für kreativ, weil sie gerne Mandalas anmalen. Ich habe schon kreative Steuerberater und Finanzbeamte kennengelernt und nette, aber sterbenslangweilige Künstler*innen.

Kreativität sollte meiner Meinung nach nicht nur ein Unterrichts-, sondern ein Lebensprinzip sein, weil es uns in allen Facetten unseres Menschseins unglaublich bereichert.

***

Kultur

Und es geht weiter mit Enrichment.

Kultur, zumindest das meiste, was wir darunter verstehen, ist ohne Kreativität undenkbar.

Selbst daran teilzuhaben und unseren Kindern so bald und so oft wie möglich Teilhabe zu ermöglichen, ist nicht nur eine Intention des Bildungsauftrags, den wir haben, eine Erziehung zur Ästhetik (wie ich ganz zu Beginn des Buches angeregt habe), sondern auch eine Forderung der pluralistischen Gesellschaft, in der wir alle leben.

Die Beschäftigung mit Kultur erschöpft sich allerdings nicht in einem Museumsbesuch pro Jahr und ein paar Wochen Klassische Musik in Musikerziehung.

Ich werfe dir jetzt nur ein paar Brocken hin, und du schaust, was dir dazu einfällt:

Esskultur – Sprachkultur – Interkulturalität – Kulturen – Wohnkultur – Kulturgut

***

Leadership

Vielleicht erfüllt dich dieses Wort mit etwas Unbehagen, dabei habe ich absichtlich nicht das Wort Macht gewählt. Ich hätte das, was ich dazu sagen möchte, auch unter A wie Autorität machen können, habe mich aber für diesen eher unbelasteten Ausdruck entschieden.

Möglicherweise möchtest du aber ganz demokratisch unterrichten und lehnst jeden Anspruch von Leadership von vornherein ab? Wie lange unterrichtest du schon? Funktioniert es?

Wenn du Klassenvorstand bist von deinem Vertrag her, „führst" du eine Klasse. Auch wenn du es nicht bist, aber allein in der Klasse stehst oder gerade im Team den Unterricht leitest, in einer fremden Klasse supplierst oder Fachlehrer*in an einer AHS oder NMS bist, führst du. Und falls du es nicht tust, macht es eben jemand anderes – sehr oft ein oder mehrere Kinder.

Dann findet meist kein gedeihlicher Unterricht statt, dem Klassenklima ist es auch selten förderlich und von demokratischen Zuständen ist so eine Klassengemeinschaft auch weit entfernt.

Die Schüler*innen erwarten von dir, dass du die Verantwortung übernimmst – für die Unterrichtsarbeit und das soziale Klima. Verantwortung ist übrigens, wenn schon kein Synonym, nahe verwandt mit dem Begriff Leadership.

Du bist aufgrund deines Alters, das ja im Idealfall mehr Lebenserfahrung mit sich bringt, und deiner Ausbildung dafür vorgesehen. Die Kinder/Jugendlichen partizipieren gerne, sie arbeiten eifrig mit, übernehmen auch bereitwillig Verantwortung für übernommene Aufgaben, aber **die letztendliche Verantwortung liegt bei dir.**

Sollte dir das Probleme bereiten, kannst du dich gerne anfangs auf die äußere Autorität, die dein Rang, deine Stellung mit sich bringt, berufen. Gleichzeitig solltest du aber an der Ausbildung deiner inneren Autorität arbeiten – denk dran: Fake it till you make it. Manche/r bringt von Haus mehr „natürliche" Autorität mit, aber keine Angst, das lässt sich trainieren – am besten in einem direkten Coaching.

***

Lehren – lernen

Unsere Hauptaufgabe! Nicht nur das Lehren, nein, als Lehrer*in bist du quasi dem lebenslangen Lernen verpflichtet – besser gesagt, du bekommst es als Bonus zum Gelderwerb gratis dazu.

Ich meine hier nicht die vielen Inhalte, Skills, Techniken und Methoden, die du in unzähligen Fortbildungsveranstaltungen anhäufen wirst. Ich meine den Zuwachs an Erfahrung und Selbsterkenntnis, den du durch Reflexion und Selbstreflexion erwirbst. Blättere nur mal zurück im Buch und sieh, wie viele Bereiche ich angeschnitten habe, in denen Lernen und dein persönliches Wachstum generiert wird. Und freu dich auf die, die noch kommen werden!

Warum das Wort lehren oft so einen unangenehmen Beigeschmack hat, hängt wahrscheinlich damit zusammen, dass es viele mit „belehren" assoziieren, mit Besserwissen, mit gutgemeinten, aber ungewollten Ratschlägen.

Lehren sollte mit Begeisterung zu tun haben, mit echter Freude. Du hilfst einem Kind/Jugendlichen tatsächlich einen großen Schritt bei seiner Lebensbewältigung, wenn du ihm/ihr Dinge beibringst, die vorher unbekannt oder noch unerschlossen waren.

Ich habe in meinem Lehrerinnenleben unzählige Male die oft zitierten „leuchtenden Kinderaugen" gesehen: beim Tanzen, bei unseren Ausflügen, bei Konfliktbewältigung nach Aussöhnung mit der Freundin, aber auch, wenn endlich! der Vorgang des Dividierens klar war, ein Aufsatz vorgelesen wurde, mir Kinder ihre Vorbereitung auf einen Test zeigten oder sie einer englischen Hörverständnisübung 10 Minuten problemlos folgen konnten.

Apropos Vorbereitung auf Tests: vermittle Lerntechniken (und eigne sie dir selbst an), die eigenständiges Lernen initiieren. Es gibt umfangreiches Material hierzu, eine der einfachsten ist, selbst Fragen zu erstellen, von denen man annimmt, dass sie zum Test kommen. Meine Kinder entwickelten hier eine Meisterschaft in Qualität und Quantität, dass sie besser vorbereitet waren, als tatsächlich nötig war.

Die verschiedenen Lerntypen sind dir sicher ein Begriff. Mach dir damit keinen Stress, betrachte es eher als zusätzliche Bereicherung und Unterhaltung, diese Typen zu „ertesten". Guter

Unterricht sollte eine Mischung aus alle Sinne ansprechenden und aktivierenden Darreichungsformen von Stoff sein.

Unerlässlich ist aber in jedem Fall ein förderliches Lernklima: Das beginnt bei so banalen Dingen wie guter Lüftung der Klasse, niedrigem Lärmpegel, aufgeräumtem Arbeitsplatz, Verfügbarkeit aller benötigten Unterlagen und vor allem Freiheit von Stress und Angst: Angst ist der größte Lernkiller! Du kennst die drei Hauptreaktionen auf Angst? Flight, fight, freeze. In keinem dieser Zustände ist effizientes Lernen möglich.

***

Lesen

Für mich war das anfangs einer der Hauptgründe, in die Schule zu gehen, obwohl ich mir die Grundzüge schon davor selbst angeeignet hatte – natürlich mit Hilfe meiner Umgebung. Ich brauche hier nicht so viele Worte verlieren, ich glaube, der Wert des Lesens wird von niemandem, der diesen Beruf ergriffen hat, angezweifelt.

Nur noch ein kurzer Exkurs über die Lesefertigkeit hinaus: Einigermaßen fließendes Zusammenlauten ist noch nicht Lesen. Das sinnerfassende Lesen, um Sachtexte zu erfassen (Ist dir schon aufgefallen, dass Mathematik nach den Grundrechenarten viel mehr mit Lesen als mit Rechnen zu tun hat?) oder Geschichten nachzuerzählen wird von vielen Lehrkräften akribisch geübt. Gut so.

Aber wie sehr siehst du selbst das Lesen als freudenspendenden, persönlichkeitsbildenden Aspekt in deinem Leben?

Ich hätte meine Kindheit nicht haben wollen (und es war keine schreckliche Kindheit) ohne die Kenntnis und damit die Möglichkeit, in fremde Welten abzutauchen, andere Menschen kennenzulernen als die, die um mich waren und mich auf Gedanken bringen zu lassen, die mir so selbst nicht eingefallen wären.

Man enthält Kindern (und sich selbst) etwas vor, wenn man nicht zumindest den Versuch macht, sich im Leseunterricht auch mit echter Literatur zu beschäftigen. Die muss nicht weh tun, langweilig und schwierig sein. Gerade die Kinderliteratur, die uns zur Verfügung steht, ist fantastisch, anspruchsvoll und unterhaltsam. Sich lesend die Welt zu erschließen, führt zu einer ungleich größeren Teilhabe an allen gesellschaftlichen Vorgängen.

Ein letzter Tipp: Hier steht und fällt alles mit der Begriffsklärung. Vergewissere dich ständig, dass die Kinder (auch die mit deutscher Muttersprache) die Wörter wirklich verstehen. Du weißt, wie tricky die deutsche Sprache sein kann.

Und noch ein Zitat zum Abschluss: *Die Bildung kommt nicht vom Lesen, sondern vom Nachdenken über das Gelesene. Carl Hilty*

***

Liebe

Was für ein großes Wort. Das kann schon Angst machen, vor allem, wenn es von weiten Kreisen der Gesellschaft als unabdingbarer Bestandteil der Lehrerpersönlichkeit angesehen, ja gefordert wird.

Das implementiert auch, dass man nicht mehr Geld für seine Arbeit fordern kann/soll. Dass man ohne zu murren eine Stunde wartet, wenn Eltern ihr Kind nicht zur vereinbarten Zeit abholen.

Jederzeit ohne Termin für Gespräche zur Verfügung steht, auch telefonisch.

Natürlich keine schlechten Noten gibt.

Sich nie abfällig im privaten Umfeld über seine Kinder äußert, auch wenn sie den ganzen Schultag lang an deinen Nerven gesägt haben.

Du kannst hinter jede Aussage setzen: Denn man liebt ja die Kinder.

Das ist es, was viele Leute erwarten, die in ihrem Beruf höchstwahrscheinlich nicht mit Kindern zu tun haben.

Du aber hast (hoffentlich) im Vollbesitz deiner geistigen Kräfte einen Beruf ergriffen, in dem du es mit Kindern/Jugendlichen zu tun hast, die du manchmal oder sehr oft beim besten Willen nicht lieben kannst.

Macht nichts! Ersetze das Wort Liebe durch Respekt, Akzeptanz, Beziehung, generiere Freude und Flow in deiner Klasse, dann wirst du immer öfter Gefühlsregungen wahrnehmen, die sich wie Liebe anfühlen – zum Beruf und zu deinen Kindern.

***

Linkshändigkeit

Letztens hat mich eine Freundin dazu befragt, sonst hätte ich es vielleicht gar nicht in mein ABC aufgenommen. So sehr war mir entfallen, was mir dieses Thema jahrelang an Unbehagen bereitet hatte.

Ich bin umdressierte Linkshänderin, das war in meiner Generation noch gang und gäbe. Aus gegebenem Anlass und weil mir die Auswirkungen dieses „Eingriffs" in mein Gehirn (das ist die Änderung der Dominanz tatsächlich) noch weit ins Erwachsenenalter hinein präsent waren, habe ich mich lange Zeit intensiv damit beschäftigt. Ich habe mich als Opfer gefühlt, habe es meinen Eltern übelgenommen, dass sie mich nicht so annehmen konnten, wie ich war.

Jetzt fragst du dich vielleicht, was das in einem Buch aus dem Jahr 2024 zu suchen hat. Vielerorts wird das Problem für obsolet gehalten, in österreichischen Schulen und Kindergärten werden linkshändige Kinder nicht mehr umgepolt – zumindest nicht bewusst.

Ich bin aber im Laufe meiner langen Dienstzeit bis zum Ende hin immer wieder auf Kinder/Jugendliche gestoßen, wo ich diese Problematik beobachten konnte oder zumindest den Verdacht hatte, dass hier ein Eingriff in die Händigkeit stattgefunden hat. Manchmal geschieht das auch unbewusst, ohne die Absicht, das Kind umzudressieren, einfach durch das ständige Forcieren der rechten Hand und dem Vorbild einer mehrheitlich rechtshändigen Umgebung. Man darf auch nicht unterschätzen, wie anpassungsfähig Kinder sind und oft gar keinen großen Druck brauchen, um sich quasi selbst zu verleugnen – in punkto Händigkeit.

Ich hielt es irgendwann durchaus für möglich, dass dieses Phänomen auch Grundlage von Lernschwierigkeiten sein könnte. Leider fehlte mir letztendlich die Initiative, um mich wissenschaftlich mit diesem Problem zu befassen oder andere dafür zu interessieren. Aber so wirklich losgelassen hat es mich nie, auch wenn ich mich mit meinem Schicksal ausgesöhnt habe und vor allem durch Selbstreflexion und Reframing einen gewissen Wert daraus ableiten konnte.

Apropos Dominanz: Es geistert noch immer das Märchen vom ach so kreativen Linkshänder durch die Gesellschaft, weil die rechte Hirnhälfte angeblich für alle „kreativen", bildhaften Prozesse zuständig ist und die linke für alle „kühlen", logischen. Die Hirnforschung der letzten Jahre, wenn nicht schon wieder Jahrzehnte, zeigt aber, dass verschiedenste Zentren über das Gehirn verteilt an allen Prozessen des Denkens, der Sprache, der Kreativität zusammenwirken.

Es macht also durchaus Sinn, die bekannten Überkreuzübungen aus den kinesiologischen Trainingsbüchern, die es für den Schulgebrauch gibt, durchzuführen, weil gegen eine bessere Integration und Zusammenarbeit der beiden Hirnhälften nichts spricht. Aber verabschiede dich von diesem sehr vereinfachten Schubladendenken, das ich oben beschrieben habe. Informiere dich rein interessenshalber immer wieder über die neuesten Erkenntnisse der Hirnforschung, da tut sich wirklich viel und vielleicht ist manches, was du in deiner Ausbildung gelernt hast, schon wieder überholt.

CTA: Zeichne beidhändig auf deiner Tafel, einem großen Papierbogen (an der Wand oder auf dem Boden). Es bringt nicht nur Spaß und Entspannung, sondern auch interessante Kreationen hervor, die du sogar noch weiter ausgestalten kannst.

***

Lob

Für viele Lehrer*innen eine ganz wichtige Ingredienz ihrer Arbeit. Sie loben auf Teufel komm raus und trotzdem ist da irgendwie der Wurm drin, vor allem mit der Beziehung zu den Kindern sind sie nicht ganz glücklich.

Bedenke: Wer lobt, hat Macht.

Oder würdest du ständig deiner Schulleiterin sagen, wie toll sie die Abrechnungen für Mehrdienstleistungen eingereicht hat oder wie schön das letzte Konferenzprotokoll geschrieben war? Lob geht immer von oben nach unten, das ist es, was Kindern auch bei einer Überdosis Lob auffällt.

Außerdem wird Lob auch oft eng mit der Person verknüpft: **Du bist** so brav, lieb, schlau, verträglich... **Du hast** das toll gemacht... **Ich** bin stolz auf **dich** (ganz enge Verknüpfung der beiden Personen, Bindungsangebot).

Ich habe sehr oft gesagt: Da kannst **du** aber wirklich stolz auf **dich** sein. Mein Anteil hier ist, dass ich das Kind aufmerksam mache auf die eigene Leistung, nicht, dass ich mir einen Anteil daran verschaffe, der mir vielleicht gar nicht zusteht.

Was jetzt? Nicht mehr loben? Doch, sehr gerne, aber dann wirklich im Sinne einer positiven Verstärkung. Die ureigenste Persönlichkeit eines jeden Kindes soll sowieso immer spürbar (!) angenommen und wertgeschätzt werden, da muss man keine einzelnen Aspekte hervorheben.

Du willst aber als Lehrer*in besonders die Leistungsfähigkeit und -bereitschaft des Kindes unterstützen, also fokussiere dich darauf, aber durchaus differenziert, bitte. Nicht: Weil du so fleißig bist... sondern: Weil du in der letzten Zeit alle Hausübungen immer gemacht hast... Dieses Werkstück ist so genau gearbeitet, wunderbar! Wie du dich aus diesem Streit herausgehalten hast, war wirklich hilfreich.

Noch einen Level höher ist positives Feedback, gerne auch in Coachingmanier als Frage formuliert. Ich sehe, du hast wirklich hart für diese Schularbeit gearbeitet. Was denkst du, warum dir diese Arbeit so gut gelungen ist? Wie hast du diesmal gelernt, um so einen guten Erfolg zu haben?

Und wenn dir doch einmal ein Lob „im alten Sinn" (siehe oben) rausrutscht: Gar nicht schlimm! Hauptsache, die Kinder spüren immer deine positive Zuwendung und nicht einen reinen Mechanismus.

***

Märchen

Eines meiner absoluten „Lieblingskinder" aus meiner Unterrichtsarbeit! Vielleicht, weil ich selbst mit Märchen aufgewachsen bin, habe ich sie schon früh in die Arbeit mit Kindern integriert.

Es wurde in dieser Zeit (Anfang der 80er Jahre des letzten Jahrhunderts!) überhaupt nicht als opportun erachtet, genauso wenig wie die Arbeit mit Gedichten. Ich habe mich darüber hinweggesetzt, weil ich die heilsame und glücklich machende Wirkung beider literarischer Gattungen am eigenen Leib erfahren durfte. Wie auch bei den Gedichten haben die Kinder dieses Angebot begeistert an- und aufgenommen.

Wieder ein bisschen wissenschaftliche Grundlage gefällig? Bruno Bettelheim, der große alte Mann der Kinderpsychologie und -psychiatrie (nicht unbestritten, ich weiß) schreibt in seinem bekanntesten Werk „Kinder brauchen Märchen":

„... Um aber sein Leben zu bereichern, muss sie (die Geschichte) seine Phantasie anregen und ihm helfen, seine Verstandeskräfte zu entwickeln und seine Emotionen zu klären. Sie muss auf seine Ängste und Sehnsüchte abgestimmt sein, seine Schwierigkeiten aufgreifen und zugleich Lösungen für seine Probleme anbieten. Kurz: sie muss sich auf alle Persönlichkeitsaspekte beziehen. Dabei darf sie die kindlichen Nöte nicht verniedlichen; sie muss sie in ihrer Schwere ernst nehmen und gleichzeitig das Vertrauen des Kindes in sich selbst stärken."

Du findest sicher auch zeitgemäßere Literatur zu diesem Thema. Ich zitiere hier Bettelheim, weil er eben der Erste war, der den hohen psychologischen Wert, den Märchen für die kindliche Entwicklung haben, erkannt und beschrieben hat.

Ich plädiere ausdrücklich für nicht „weichgespülte" Versionen. Das kindliche Gehirn filtert sehr gut alles heraus, was es kennt und versteht – alles andere fällt vorerst durch.

Alles, was ich oben zitiert habe und noch weiter ausführen könnte, würde den Rahmen dieses Buches sprengen.

Deshalb nur noch Erfahrungen aus der Praxis:

Märchen gehören vorgelesen – zuerst, für längere Zeit und auch später immer wieder.

Es lassen sich wunderbare Such- und Vergleichsaufgaben kreieren: welche Zahlen kommen immer vor, wer (wie) ist oft der Held, wo findet man sprechende Tiere, welche Figuren in einem Märchen sind real, welche Fiktion...

Ich habe es irgendwann gewagt, Märchen auch in der Oberstufe (7./8. Stufe) anzubieten – ein Gewinn! Du kannst hier die Kinder **behutsam** psychologische Hintergründe analysieren lassen. Denk dran: Märchen waren früher nicht zur Unterhaltung von Kindern vorgesehen, sondern auch, um Erwachsenen die Welt und ihre Vorgänge begreiflich zu machen.

Es macht auch Sinn, die urtümliche Sprache in Originalmärchen zu verwenden. Man kann manche Ausdrücke durchaus adaptieren, ansonsten entfaltet diese „alte" Sprache schon einen besonderen Zauber, besonders in den Sprüchen, z. B. *Knusper, knusper knäuschen, wer knuspert an meinem Häuschen? Wer aus mir trinkt, der wird ein Reh. Heute back ich, morgen brau ich, übermorgen hole ich der Königin ihr Kind!*

Mit Märchen kann man auch exzellent interkulturelle Studien betreiben, indem du Märchen aus den Herkunftsländern deiner Kinder anbietest und ihr Gemeinsames und Unterschiedliches entdeckt.

Letztes Plädoyer: Du holst mit Märchen Kinder in ihrer magischen Phase ab und führst sie behutsam in die reale Welt. Sie können auch als Kleinkinder bereits die Märchenwelt von der realen unterscheiden: Meine Enkelin liebt nach wie vor Wölfe. Daran konnten auch Rotkäppchen und die sieben Geißlein nichts ändern.

CTA: Vielleicht magst du selbst wieder einmal Märchen lesen? Nicht nur als Unterrichtsvorbereitung, sondern um selbst therapeutischen Nutzen daraus zu ziehen.

***

Metapher

Wir bleiben im sprachlichen Bereich. Vielleicht war dir noch nicht bewusst, wie reich an Metaphern die deutsche (und wahrscheinlich jede andere) Sprache ist. Ich persönlich finde das zwar wunderschön – je bildhafter die Sprache, umso mehr Kreativität wird freigesetzt.

Es bringt aber eine gewaltige Mehrarbeit mit sich, denn um deinen Schüler*innen die Inhalte zu erschließen, die sie permanent hören oder lesen, solltest du dich ständig vergewissern, ob sie alles Dargebotene verstanden haben.

Ich denke hier nicht nur an literarische Beispiele, sondern an die zahlreichen Redewendungen, auch doppel- oder mehrdeutige Wörter (keine Metaphern im eigentlichen Sinn), die das Sprachverständnis so sehr erschweren – oder erleichtern, wenn du die Begriffsklärung quasi als Nebenprogramm ständig mitlaufen lässt. Es hatten auch die Kinder mit deutscher Muttersprache ihren Spaß daran und konnten sehr viel Überraschendes entdecken, was ihrem Wortschatz sehr zugute kam.

***

Mobbing

Ein ernstes, hässliches und zutiefst menschliches Phänomen. Nicht so neu, wie man manchmal den Eindruck gewinnen könnte. Ich kenne tatsächlich Menschen meiner Generation (nicht nur Kolleg*innen), die meinen: „Das hat's früher nicht gegeben!" Was für ein Quatsch. Die Außenseiter*innen, die Opfer, die Rädelsführer*innen und was es sonst noch an Rollen gibt, gab es schon immer.

Eine neue Dimension ist nur das Cyber Mobbing. Das hatten wir tatsächlich (vielleicht auch du in deiner Kindheit) noch nicht. Eine besonders widerwärtige Erscheinung durch ihre Anonymität, ihren hohen Verbreitungsgrad und ihre oft weitaus radikaleren Auswüchse als in der analogen Welt.

Deshalb habe ich dir vor einigen Kapiteln die Beschäftigung mit gruppendynamischen Prozessen so ans Herz gelegt, weil man sich hier frühzeitig einen Überblick über eventuelles Konfliktpotenzial und gefährdete Personen verschaffen kann.

Ich rate von einer zu schwarz-weißen Sichtweise und einer strikten Täter-Opfer Trennung ab. Oft werden ehemalige Opfer zu Tätern, werden aus Angst zu Mitläufern oder erkennbare Opfer provozieren so geschickt, um aus ihrer Opferrolle einen unsichtbaren Nutzen zu ziehen. Du siehst, auch hier gibt es wieder einmal keine einfachen Lösungen, dazu sind diese gruppendynamischen Prozesse zu komplex und zu diffizil. Deshalb lohnt es sich, von Anfang an, also präventiv, viel Zeit, Energie und Kreativität in ein gelingendes Teambuilding zu investieren. Mobbingstrukturen bauen sich nämlich oft recht unscheinbar und schleichend auf, bis sie wie ein riesiger Problemberg in deiner Klasse stehen und nicht mehr zu übersehen oder zu überhören sind.

Dann ist manchmal nur mehr rasches, entschiedenes Eingreifen möglich: ich nenne hier nur Schlagworte wie Leadership, Autorität, Verantwortung, Zivilcourage.

Das klingt wie ein Widerspruch zu meiner vorhin geäußerten Behauptung, es gäbe **keine einfachen Lösungen,** ist es aber nicht. Du kannst im Vorfeld oder in der Nachbearbeitung von Mobbingthemen viel Zeit, Behutsamkeit, pädagogische und psychologische Maßnahmen investieren.

Im Ernstfall, wenn alle Vorgespräche nicht gefruchtet haben, musst du dich auf die Beine stellen (Metapher) und deiner Verpflichtung zum Schutz Schwächerer nachkommen. Hast du dir schon überlegt, dass Mobbingvorgänge auch zur Überprüfung deiner Autorität von den Kindern/Jugendlichen herangezogen werden können?

***

Musik

Wahrscheinlich spielt die Musik in deinem Leben eine ebenso große Rolle wie im Leben deiner Schüler*innen. Warum nicht eure Interessen, Leidenschaften zusammenbringen?

Ich plädiere dafür, die Musik viel breiter und umfassender in deinen Unterricht (auch in dein Leben) zu implementieren, als nur in den ein, zwei Musikstunden pro Woche, wo auch wieder viel Fachwissen vermittelt (eh gut) und das Wissen per Tests abgefragt wird.

Man kann sich über Musik unterhalten, sich gegenseitig seine Lieblingssongs vorspielen (ohne Wertung), viele musikalische Übungen abseits des Singens abhalten, z. B. rhythmische/tänzerische, Hörübungen, andere Stilrichtungen kennenlernen (Bildungsauftrag) und Musik auch begleitend im nicht-musikalischen Unterricht einsetzen.

Gemeint ist hier nicht die Kaufhaus-, Bar- oder Aufzugsmusik, sondern der bewusste Einsatz von wohltuender, lernfördernder Musik. Ausprobieren und sich auch hier in einschlägige Literatur vertiefen!

***

Mut

Den brauchst du in jedem Fall in diesem Beruf. Vielleicht war dir das von vornherein nicht so ganz klar, als du die Entscheidung getroffen hast, Lehrer*in zu werden. Und bist dann vielleicht bald überrumpelt worden von vielen Situationen, die dir

Unbehagen, sogar Angst bereitet haben und aus denen du am liebsten geflüchtet wärst.

Das können Situationen sein, in denen du Anforderungen deines/r Vorgesetzten gegenübertreten musst, divergierenden Meinungen von Kolleg*innen, abschätzigen Äußerungen außerhalb der Schule. Vielleicht werden du und deine Kinder bei einem Lehrausgang von fremden Personen verbal attackiert, möglicherweise hattest du schon mit wütenden, fordernden Eltern zu tun. Bisher habe ich deine „Hauptklientel" ausgeklammert, aber ich habe schon von Studierenden gehört, dass ihnen diese „Masse" von Kindern, denen sie da plötzlich gegenüberstehen, Angst mache. Durchaus legitim, vor allem, wenn sich diese „Masse" noch dazu ziemlich herausfordernd verhält.

War da etwas dabei, das dir bekannt vorkommt? Wenn du schon einige dieser Situationen gemeistert hast, gratuliere ich dir herzlich. Jeder Durchgang macht dich stärker, jede Wiederholung wird weniger herauforderend (außer, es kommt eine neue hinzu).

Wenn sich diese Herausforderungen für dich allerdings zu einem ständig anwesenden Problem auswachsen, die dich über Gebühr und schon im Vorhinein beschäftigen, wird es Zeit, dir professionelle Hilfe zu suchen – Beratung oder Coaching könnte ich empfehlen.

***

Nadelstichübung
Keine Angst, es folgt keine Anleitung zur Do-it-yourself-Akupunktur!

Dies ist eine kreative Übung zur Entscheidungs- oder Ideenfindung. Du schlägst ein Buch an einer beliebigen Stelle auf und stichst dann blind mit einer langen Stecknadel auf die aufgeschlagene Seite. Du kannst auch mehrere Seiten aufschlagen oder auf einer Seite öfter einstechen. Das, was hier angeregt werden soll, ist das freie Assoziieren.

Wenn du es mit zwei oder mehreren Wörtern durchführst, sollst du natürlich diese Begriffe gedanklich miteinander verbinden, also bisoziieren oder multisoziieren.

Das ist ausnahmsweise ein Tool, dessen Einsatz ich nicht vordergründig im Unterricht sehe, sondern das ich **dir** als Entscheidungshilfe in die Hand geben möchte. Natürlich kannst du es auch mit deinen Schulkindern ausprobieren, vor allem, wenn diese mit kreativen Lernmethoden schon etwas vertraut sind.

CTA: Führ die Nadelstichtechnik zu einer Frage deiner Wahl durch.

***

Netze

Ich habe in den bisherigen Kapiteln öfter die Ausdrücke vernetzen, verbinden (siehe oben) verwendet oder Querverweise zu anderen Themen gegeben.

Du hast sicher schon den Satz gehört: *Alles ist mit allem verbunden* und ihn aber so frei im Raum stehen lassen. Mach ihn dir bewusst!

Es generiert eine unglaubliche Bereicherung nicht nur deiner Arbeit, sondern auch deiner Persönlichkeit. Ist es auch eine Folge von zunehmender Lebenserfahrung (= Alter), dass ich in meinem Leben auf immer mehr Querverbindungen stoße und mein persönliches Netz sich immer weiter vergrößert?

Ich habe dazu auch das Bild unserer Synapsen vor Augen und wie durch Lernerfahrungen immer mehr neuronale Verbindungen im Hirn geschaffen werden.

Eine gute Grundlage, um den Netzausbau voranzutreiben, nicht?

CTA: Sei in deinem Unterricht, vor allem, wenn du mehrere Fächer unterrichtest, offen und aufmerksam für alle möglichen Querverbindungen – Stichwort fächerübergreifendes Arbeiten.

Die Kinder werden nach einiger Zeit auch bereitwillig nach neuen Vernetzungen suchen.

***

Ordnung

Das Gegenteil von Ordnung, das Chaos, habe ich unter C schon kurz beschrieben. Auch, wenn es ein bisschen so klingt, als würde ich Chaos befürworten, ist dem nicht so.

Ich fordere nur auf, das Chaos als Ausgangspunkt für gelingende und gelungene Ordnung zu betrachten, die Ursuppe für viele kreative Schöpfungen. Und zwar deine eigenen (und die jedes Menschen).

Was so oft zu dieser scheinbaren Zweiteilung in Ordnung – Unordnung führt, sind in Wirklichkeit nur die vielen divergierenden Ordnungsbegriffe. Der/die eine ordnet vielleicht die Stifte auf dem Schreibtisch nach Farben, wirft aber Blechdosen in den Restmüll. Die/der andere ist zwanghaft pünktlich, vergisst aber regelmäßig, ausgeborgte Sachen zurückzugeben. Die Liste lässt sich beliebig fortsetzen, aber du siehst, worauf ich hinauswill?

Es sind die Ansichten über Ordnung, die oft kollidieren und hier sind es wieder mangelnde Toleranz und Offenheit, die zu Konflikten führen, sehr oft auch Selbstüberschätzung, Engstirnigkeit und Überheblichkeit.

Hinter der äußeren Ordnung, die oft eine nur äußerliche ist (Wortspiel!), sollte eine innere Ordnung stehen, die sich als zweckmäßig, harmonisch und sinnvoll erweist und sich nicht in zwänglerischer Herumkrittelei zeigt.

Die Erziehung der Kinder zu Ordnung oder Ordentlichkeit ist eine wichtige Hilfestellung, die unabdingbar ist für die Bewältigung ihrer Lebensumstände und ihre Selbstständigkeit effektiv fördert. Wichtig ist hier ihre Selbstbeteiligung, das Finden ihrer eigenen Ordnung (im individuellen Bereich) und das Verständnis der Sinnhaftigkeit von Ordnungsmaßnahmen.

CTA: Bring Ordnung in dein Leben! Zuerst in deinen Kleiderschrank, Küchenkasten, Schreibtisch. Dann kannst du diese Aufgabe auf komplexere Gebiete ausweiten.

Vielleicht magst du ja eine neue Ordnung schaffen, wenn sich die bisherige als nicht so effizient erwiesen hat?

***

Perfektionismus

ist die Übersteigerung des oben beschriebenen Ordnungssinnes. Ich habe mich an anderer Stelle schon ziemlich kritisch über Perfektionismus geäußert, deshalb möchte ich das hier etwas differenzierter beleuchten.

Das Streben nach Perfektion ist a priori nichts Schlechtes. Es ist auch im Begriff des Flow enthalten, der ja auch beschreibt, wie man im Weiterstecken von Grenzen, im Suchen von immer anspruchsvolleren Aufgabenstellungen Erfüllung und Befriedigung finden kann. Ohne dieses Streben wären keine herausragenden Leistungen in den Wissenschaften und keine Kunstwerke entstanden.

Der Perfektionismus, den sich aber viele Kolleg*innen und auch Menschen aus dem außerschulischen Umfeld auf ihre Fahnen schreiben, hat aber selten mit Streben, was eine gewisse Bewegung beinhaltet, oder Grenzerweiterung zu tun. Es ist vielmehr ein starres Festhalten und ein Wiederholen der immer gleichen Dinge. Hier können perfektionistische Ansprüche zwar erfüllt werden, es geht aber auf Kosten von Lebendigkeit und Entwicklung, oder, in einfacheren Worten: Perfektion ist langweilig.

> *Wer immer tut, was er schon kann,*
> *bleibt immer das, was er schon ist.*
> **Henry Ford**

***

Philosophie

Was hat Philosophie in der Grundschule verloren?

Im humanistischen Gymnasium gibt es ja eine Wochenstunde in der Oberstufe, wenn ich mich recht erinnere. Auch meist eine trockene Anhäufung und Abfrage von Namen, Jahreszahlen und mehr oder weniger einfachen Definitionen.

Zu meiner Eingangsfrage zurück: Sehr viel. Denn Philosophie beschäftigt sich mit den existentiellen Fragen der Menschheit und ich habe noch keine Menschengruppe getroffen, die ernsthafter, offener und mit mehr Freude darüber diskutiert hätte als Kinder im Grundschulalter.

Um auch hier den unmittelbaren Bildungsauftrag im schulischen Sinn zu erfüllen, kannst du ihnen ja die wichtigsten Philosophen und ihre Inhalte nennen. Exemplarisch kann man hier auch wieder sehr gut die Vernetzung zeigen, wie Philosophie auch die Naturgeschichte (Physik, Astronomie, Medizin...) beeinflusst hat und umgekehrt. Außerdem kann man sehr anschaulich althergebrachte philosophische Meinungen (Dogmen) zur Diskussion stellen und sie hinterfragen. Bringt einem selbst sehr viel Mehrwert.

CTA: Unendlich viel Material im Internet – mach dich schlau!

***

Prognosen

Siehe auch unter Annahmen. Es liegt in der Natur des Menschen, Vorhersagen treffen zu wollen, vielleicht aus dem Gefühl heraus, die Zukunft ein wenig zu beherrschen, vor allem aber auch, um recht zu haben.

Überlass das bitte professionellen Kartenlegerinnen, Kaffeesatzleserinnen und anderen Sparten der Wahrsagerzunft. Die können das oft erstaunlich gut.

Ich würde es auch nicht so verhängnisvoll finden, wenn hier nur normale menschliche Besserwisserei und der Wunsch nach Rechthaben die Ursachen wären.

Leider bedingt es aber oft ein einschlägiges Verhalten, um die Prognose zu einer selffullfilling prophecy zu machen. Das heißt, Kinder (aber unter Umständen auch du selbst) werden so behandelt, dass sich die Prognosen erfüllen müssen.

Beispiele: Unfaire Behandlung führt zu Aggressionen, weniger fördernde Zuwendung zu schlechten Lernleistungen, ständige Misserfolge aus diversen Gründen zu vermindertem Selbstwertgefühl – und „die Aggressiven, die Minderleister" erfüllen brav die in sie gesetzten Erwartungen.

Auch ich bin dem „Wahrsagen" früher aufgesessen, habe aber sehr rasch aus Fehlprognosen gelernt (im positiven, aber auch im negativen Sinn) und habe mich daraufhin viel lieber überraschen lassen. An der Gewissenhaftigkeit meiner Vorbereitungen und meiner Haltung zu den Kindern hat dies nichts geändert.

***

Prokrastination

Ein Thema, unter dem du vielleicht mehr leidest als deine Schüler*innen.

Naturgemäß, denn die „Aufschieberitis" (landläufiger Name) kommt vor allem dort zum Vorschein, wo der Mensch nicht mehr so fremdbestimmt ist wie ein Schulkind, sondern sich seine Zeit frei und selbstbestimmt einteilen kann.

Dieses Phänomen ist weit verbreitet und nicht ganz so harmlos wie der deutsche Begriff suggeriert. Die Prokrastination kann viele Ursachen haben, auf die es sich genauer hinzuschauen lohnt (vielleicht in einem Coaching).

Als da wären: mangelnde Selbstorganisation, Zeitmanagement, Unbehagen, ja sogar Angst (z. B. beim Aufschieben von Arztterminen), Widerstände gegen Anforderungen, Umstände und Menschen und doch auch ein Gefühl der Fremdbestimmtheit.

Egal, was die Ursache ist, die Auswirkungen sind fast immer unangenehm, von versäumten Fristen, finanziellen, vielleicht gesundheitlichen Nachteilen, Beziehungskrisen, Chaos, zu einem permanenten Gefühl von Scham, Überforderung und Stress.

Ein einfaches Tool, zumindest für mangelndes Zeitmanagement einsetzbar, ist die Eisenhower Matrix, benannt nach dem ehemaligen US-Präsidenten Eisenhower.

Eisenhower Matrix	
wichtig, aber **nicht dringend** exakten Termin festlegen, selbst erledigen	**wichtig** und **dringend** sofort selbst erledigen
nicht wichtig, **nicht dringend** Papierkorb, löschen	**nicht wichtig**, aber **dringend** delegieren

CTA: Hilfreich wäre vielleicht auch die Chain-Methode (unter C beschrieben)

***

Psychohygiene

Kurze Entspannung zwischendurch, nach und vor „too much information" (ich hoffe nicht).

Ich will das Thema jetzt gar nicht so wissenschaftlich aufbereiten, wie man es könnte. Natürlich gehören hierher sämtliche Achtsamkeitspraktiken, alle Maßnahmen, die dem Schutz und dem Erhalt geistiger Gesundheit dienen, ausreichend Schlaf, Selbstliebe lernen und und und… Vieles davon kannst du tatsächlich in einem Coaching oder einer Beratung lernen, ganz im Ernst.

Ich habe dir aber versprochen, dass ich manche Themen etwas unorthodoxer angehe als andere Ratgeberautor*innen, deshalb hier einige Tipps, die ich in den einschlägigen Portalen nicht gefunden habe.

- Mach genügend Party. Wer viel arbeitet, soll auch viel feiern. Du wirst schon merken, wann du eine Pause brauchst.
- Du kannst auch arbeiten, wenn du mal eine Nacht durchgemacht hast, nicht nur Party, vielleicht Serie geschaut, gelesen, was auch immer…
- Eine junge Kollegin entschuldigte einmal ihr Fernbleiben damit, dass sie **nur** sechs Stunden geschlafen hatte. Nachdem mein Mund zehn Minuten offen gestanden hatte, kringelte ich mich eine halbe Stunde lachend auf dem Boden.
- Beschäftige dich explizit mehrmals in der Woche mit Dingen, die nichts, aber auch wirklich nichts mit Schule zu tun haben. Ein/e Hardcore-Lehrer*in wird ohnehin alles einmal in der Schule anwenden können.
- Kotz dich richtig aus, wenn dir einmal danach ist. Nicht unbedingt im Lehrerzimmer (außer, du weißt genau, wem du vertrauen kannst), wenn in der Öffentlichkeit (U-Bahn, Café…) so, dass nicht jeder mithört und du am nächsten Tag in der Zeitung stehst. Sehr geeignet sind Eltern, Geschwister, sehr gute Freund*innen. Lass ruhig deinen Frust auch über deine Kinder raus, damit du ihnen am nächsten Tag wieder freundlich, wohlwollend, wertschätzend gegenübertreten kannst.
- Wenn dir einmal nicht nach akribischer Vorbereitung ist (das machst du ja ohnehin immer), lass es. Leg dich in die Badewanne, geh ins Kino, triff den Freund, der gerade Liebeskummer hat und schau nach unter dem Stichwort Schwellenstunde!

- Alte Hexenweisheit: Tu, was du willst, solange es niemandem schadet.

***

Qualität

Nachdem ich da oben zum Lotterleben verführt habe, möchte ich hier wieder ausdrücklich für qualitätsvolle Arbeit plädieren – das eine schließt das andere nicht aus. Die Kraft und die Freude, um gut arbeiten zu können, holst du dir, neben einer gewaltigen intrinsischen Motivation und dem Flow in deinem Berufsleben aus einem möglichst abwechslungsreichen, erfüllten Privatleben.

Zu einem qualitativ hochwertigen Unterricht gehört für mich – sorry, da bin ich altmodisch – **umfassende** Bildung. Und zwar über deine Matura und das Lehramtsstudium hinaus.

Ich plädiere hier nicht für eine vertiefte akademische Ausbildung, sondern für alle Themen, die sich aus dem Leben ergeben: Natur, Umwelt, Kunst, Kultur, Kochen, Technik, Geschichte in Geschichten und nicht (nur) in Jahreszahlen, handwerkliche Fähigkeiten, …

Kinder lieben Klugscheißer, wenn diese ihr Wissen einigermaßen spannend und mitreißend verkaufen. Ja, sie verwenden dich gerne als Frage-Antwort-Automat (ohne Geld einzuwerfen) und auch wenn es vordergründig ihrer Unterhaltung dienen mag, erfüllst du damit auch eine gewaltige Vorbildfunktion. Dass man nämlich viel wissen und trotzdem cool und sexy sein kann. Warum sollten sie dich sonst respektieren, wenn du nicht mehr weißt oder kannst als sie?

Eine gute Vorbereitung sollte selbstverständlich sein, umso genauer, je jünger du bist. Das hat einfach mit Erfahrung zu tun. Gut vorbereitet zu sein, bedeutet aber nicht, an jeder Buchseite zu kleben, sondern auf Eventualitäten, Störungen, Fragen eingestellt zu sein – Stichwort Flexibilität.

Ein bedeutsames Qualitätskriterium ist deine Sprache. Dazu dann ein eigenes Kapitel.

Der wichtigste Aspekt ist allerdings – erraten! – deine Persönlichkeit, deine Haltung, dein Mindset.

Aber sei beruhigt: du musst nicht fix und fertig und super optimiert in deinem ersten Dienstjahr antreten. Du hast ein Lehrerleben lang Zeit, die Kinder begleiten dich gerne auf diesem Weg und nehmen dir auch Fehler nicht so übel, wie du es vielleicht selbst tust. Wie mir eine ehemalige Schülerin einmal sagte, nachdem ich über meine Anfängerfehler geklagt hatte (sie war in meiner allerersten Klasse):

„...und wenn sie Fehler gemacht haben, wir haben immer gewusst, dass sie uns liebhaben."

***

Queer

Lange, lange, bevor ich diesen Ausdruck kennenlernte, nahm der Sexualkunde-, Aufklärungsunterricht oder wie immer man ihn nennen will, einen zunehmend größeren Raum in meiner Unterrichtsarbeit ein, und zwar schon sehr bald über die üblichen Themen Fortpflanzung – Verhütung – Geschlechtskrankheiten hinaus.

Als die Kids sich trauten, die Fragen zu stellen, die ihnen wirklich unter den Nägeln brannten, nahm ich diese Herausforderung sehr gern an, denn das halte ich, ohne Übertreibung, für ein lebenswichtiges Thema. Egal, ob es um die Jungfräulichkeit in konservativen Familien jeglicher Religionszugehörigkeit ging, um Schwangerschaftsabbruch, um Übergriffe, denen manche schon ausgesetzt waren, sexuelle Orientierungen, Pornos, Homophobie – ich habe mich keinem Thema verwehrt.

Diese Stunden gehörten mit zu meinen schönsten Erfahrungen, denn dieses Vertrauen, das dir Schüler*innen entgegenbringen, wenn sie dir hier ihre intimsten Gedanken anvertrauen, zeigt dir, dass eure Beziehung tatsächlich eine tragfähige ist.

Drei Bedingungen habe ich gestellt:

Es wird nicht (übermäßig) gelacht, gewitzelt. Argument: Wenn euch das Thema noch so peinlich ist, ist es noch zu früh für euch.

Keine Gossensprache. Wir haben zuvor wieder Begriffsklärung betrieben, alles auf den Tisch gelegt, was bekannt war und aussortiert, welche Ausdrücke wir nicht verwenden wollen. Einfach, um Sexualität aus dem „Schmuddeleck" herauszuholen.

Keine persönlichen Fragen im Plenum. Weder an mich noch untereinander.

Um kurz zum Titel zurückzukehren: Ich hätte noch gern in den letzten Jahren mit einer gescheiten Schulklasse mehr zum Thema LGBTQIA* gearbeitet.

***

Quereinsteiger

Liebe Quereinsteiger*innen, meinen ehrlichen, innigen, tief empfundenen Dank dafür, dass ihr für unser seit Jahren marodes Bildungs- und Schulsystem in die Bresche springt und die vielen vorhersehbaren Ausfälle (Pensionierungen und auch andere) abdecken wollt. Aus welchen Gründen auch immer.

Häufig lese ich aber in der letzten Zeit, dass viele von euch schon nach einigen Monaten wieder das Handtuch werfen.

Das ist keine Schande. Lehrkräfte, die diesen Berufsweg schon früher geplant und eine reguläre Ausbildung durchgezogen hatten, geben auf, kündigen, sind in Langzeitkrankenständen (Burnout, usw), gehen baldmöglichst in Pension (wie ich).

Wie sollt ihr nach ungenügender Vorbereitung und Begleitung, aber bei hoher Beanspruchung und der Aussicht auf berufsbegleitende Ausbildung (soll hier der volle Einsatz in Klassen die fehlende Praxis ersetzen?) diese Anforderungen meistern?

***

Realität

Ich bin ein ausgesprochener Fan von Realität und sehe hier keinen Widerspruch zu Fantasie, Kreativität oder Träumen. Das alles beinhaltet meine Ansicht von Realität. Sie stellt für mich einfach das Leben dar, auch mit allen Widrigkeiten und Problemen, die ich mit zunehmender Lebenserfahrung als Aufgaben annehmen kann, manchmal auch als Spiel oder als Rätsel. Sie impliziert auch die radikale Akzeptanz und die Offenheit für alle neuen Erfahrungen.

Realität ist um ein Vielfaches bunter und abwechslungsreicher, als uns eingefleischte Realisten nach anderer Auslegung glauben machen wollen.

***

Reflexion

Insbesondere Selbstreflexion sollte Bestandteil nicht nur deines beruflichen Lebens sein. Das Leben (siehe oben) kann mit offenen Händen, unbefangen, wie Kinder es tun, angenommen, genossen werden. Auch hierzu sehe ich wieder keinen Ausschließungsgrund für Reflexion.

John Locke (englischer Arzt und Philosoph) unterscheidet zwischen der Wahrnehmung äußerer Gegenstände und der Wahrnehmung der Vorgänge in unserer eigenen Seele wie Wahrnehmen, Denken, Zweifeln, Begründen, Glauben, Wissen, Wollen. Ich kann also mit Freunden einfach ein Bier trinken, kann aber auch darüber reflektieren, wie es mir schmeckt, wie gut mir die Gesellschaft tut und warum (oder auch nicht).

Ich empfinde auch hier eine gewisse rege Hirntätigkeit, Denken genannt, durchaus als Bereicherung meines Lebens – oder, wie Christoph Quarch schreibt: *Nicht denken ist auch keine Lösung.*

Vor allem die Selbstreflexion, also das Nachdenken über dich selbst, deine Handlungen und ihre Beweggründe ist ja der primäre Inhalt dieses Buches, das dich bereits ein wenig coachen und vom Wert eines Präsenzcoachings überzeugen soll. ☺

***

Reframing

Hierbei versuchst du, deine Sichtweise auf einen Sachverhalt oder ein Problem zu verändern. Damit gewinnst du eine neue Perspektive und gibst dem Problem eine andere Bedeutung. Das vermindert den Stress, den dir diese Situation bereitet hat. Die Tatsache/die Person kannst du nicht ändern, deine Gedanken aber schon. Oft sind es nicht die Dinge an sich, sondern unsere Annahmen darüber, was uns Sorgen bereitet.

Gestern habe ich an dieser Stelle abgebrochen, um fernzusehen. Irgendwann in der Nacht klickte ich auf eine ältere Folge aus Menschen & Mächte und sah eine Doku über die Kinderverschickungen aus dem Dritten Reich. Es ging um Kinder, die oft in sehr jungen Jahren allein per Bahn, begleitet von Hilfsorganisationen, in Länder geschickt wurden, wo sie noch einigermaßen sicher waren. Ihre Eltern wurden fast ausnahmslos nicht aufgenommen. Viele kamen um.

Auch die Überlebenden mussten oft eine große Entfremdung zu ihren Kindern feststellen. Du kannst dir vorstellen, wie viel Traumatisierung in diesen Familien passiert war. Einige Zeitzeugen berichteten, dass manche Kinder es ihren Eltern übelnahmen, dass sie weggeschickt wurden. Sie fühlten sich abgeschoben, nicht erwünscht (von den eigenen Eltern).

Ein sehr alter Herr hingegen berichtete strahlend, seine Eltern hätten ihm zweimal das Leben geschenkt, einmal bei der Geburt und einmal, indem sie ihn in den Zug setzten.

Viele andere Beispiele für Reframing haben für mich auch den etwas bitteren Beigeschmack, dass man ihren Sinn erst in der Rückschau entschlüsselt.

Sören Kierkegaard sagt ja: „*Leben muss man das Leben vorwärts, verstehen kann man es erst rückwärts.*" Oder so ähnlich.

Ein Vorschlag von mir wäre, dass du aus diesen vielen Beispielen für Reframing, die dir sicher auch einfallen, eine positive Grundhaltung ableitest und versuchst, Situationen auch im Vorhinein eine, wenn schon nicht optimistische, dann zumindest wertfreie Bedeutung zu geben. Einfach gesagt: Es ist alles für irgendwas gut.

CTA: Schau dir eine, wenn du magst, auch mehrere unangenehme Begebenheiten der letzten Zeit an und versuche, sie im Nachhinein umzudeuten und eine positive Lehre für die Zukunft daraus zu ziehen.

***

Regeln

Sicher kommt dir das bekannt vor: Irgendwann in der ersten Schulwoche, spätestens am Beginn der zweiten, sitzt man mit den Kindern am Boden, im Sesselkreis oder an Gruppentischen und versucht, Regeln für ein friedliches, lernförderndes Miteinander zu erstellen. Diese werden dann auf Plakaten festgehalten, in Verträge gegossen, vielleicht unterschrieben und mittels Klebepunkten oder anderer Instrumente wird, zumindest einige Wochen lang, auf ihre Einhaltung geachtet.

Ich habe das natürlich genauso gemacht, bis ich mich eines Tages Anfang September bei dem Gedanken ertappte: Nicht schon wieder!

Die Kinder waren aber mit Feuereifer dabei, sie sind mit jedem Jahr akribischer und detailreicher geworden. Ich ließ sie machen, schaute mir aus einer gewissen Distanz den Wust an Blättern an (pro Regel ein Blatt) und forderte sie auf, die einzelnen Regeln in Gruppen je nach Thema zusammenzufassen, d. h., wir bildeten Cluster und es wurden genau zwei.

Die eine betraf das Lernen, den Unterricht, die Mitarbeit. Die andere Gruppe beinhaltete alle Regeln des Zusammenlebens, der Kommunikation. Wir suchten dann noch Titel für beide Gruppen und fanden: WIR WOLLEN GUT LERNEN und WIR WOLLEN UNS IN DER KLASSE WOHLFÜHLEN. Somit waren die zwei Regeln geschaffen, die zur Maxime unserer weiteren gemeinsamen Jahre wurden.

Ich ließ aber mit jeder neuen Klasse diesen Vorgang wiederholen, damit die Titel keine allgemeinen Stehsätze, sondern tatsächlich mit Inhalt befüllt wurden.

Erst Jahre später stieß ich auf die Aussagen des Neurobiologen Gerald Hüther, der meinte, das Gehirn habe zwei Bestrebungen: Wachstum und (Ver-)Bindung. Das genaue Zitat finde ich gerade nicht. Aber ich fühlte mich sehr bestätigt und tat auch weiterhin alles dafür, den Kindern eine optimale Lernumgebung und ein freudvolles Zusammenleben zu ermöglichen.

***

Resilienz

Mit dem zuletzt Gesagten korreliert auch der Begriff Resilienz. Auch hier war zuerst die Erfahrung, dann die wissenschaftliche Begründung.

Ich hatte tatsächlich während meiner doch recht anspruchsvollen Ausbildung nichts über diese Theorie gehört. Allerdings ist die Resilienzforschung auch ziemlich jung. Der Begriff tauchte erstmals in den 50er Jahren auf, die ersten Langzeitstudien kamen Anfang der 70er Jahre heraus. Bis neue wissenschaftliche Erkenntnisse es in unser Bildungssystem und die entsprechenden Curricula geschafft haben, kann schonmal eine gewisse Zeit vergehen.

Jedenfalls hatte ich in meinen ersten Dienstjahren die Erfahrung gemacht, dass viele meiner Schulkinder, gelinde gesagt, schreckliche Biografien hatten. Mich machte das zuerst fertig, ich litt unter meinem Mitleid (musste hier wirklich Tools entwickeln, die ich heute in einer Beratung suchen würde, um daran nicht zu zerbrechen). Dann kam die Verwunderung, dass viele dieser Kinder so „normal", so fröhlich und lebenstüchtig waren.

Aus der Ver- wurde Bewunderung, schließlich Hochachtung. Erklären konnte ich es mir trotzdem nicht, bis ich irgendwann, im Laufe meiner privaten Fort- und Weiterbildung auf den Begriff Resilienz stieß. Ich erspare dir jetzt die Aufzählung aller Faktoren, du hast sicher mehr in deiner Ausbildung darüber gehört als ich.

Wirklich erhellend war für mich eine Aussage, die ich in einem Vortrag hörte: Wenn die Familie (einer der wichtigsten Faktoren) versagt, reicht **eine** Bindung, **eine** Bezugsperson, der dieses Kind wichtig ist, um trotz aller widrigen Umstände Resilienz zu generieren.

Damit erschlossen sich mir viele der „Erfolgsgeschichten", die ich beobachten durfte. Oft ist diese Person der eine oder andere Großelternteil, ein/e WG Betreuer*in, in einem Fall, den ich sehr genau verfolgte, war es eine Horterzieherin, sehr oft sind es naturgemäß wir Lehrer*innen. Naturgemäß deshalb, weil wir viel Zeit mit den Kindern verbringen und weil wir durch unsere Arbeit ihnen auch das Instrumentarium zur Selbstermächtigung, für ein glückliches, erfolgreiches Leben mitgeben können.

Hab keine Angst vor dieser Verantwortung. Du musst und kannst ihnen nicht die Familie ersetzen, die ihre Aufgabe nicht wahrnimmt. Aber du kannst eine wichtige Bezugsperson werden und ihre Resilienz stärken. Das gelingt übrigens auch bei Kindern aus funktionierenden Familien.

Dies war einer der wichtigsten Punkte, auf den sich mein Ehrgeiz fokussierte:

Die kleine Weltverbesserin hatte eingesehen, dass sie nicht die ganze Welt retten oder zumindest reformieren konnte. Aber, wie der Talmud sagt: Wer einen Menschen rettet, rettet die Welt. Rettung muss nicht immer Herzmassage, Notoperation oder der Gang in ein brennendes Haus sein, und Leben ist auch mehr als Überleben.

***

Resonanz

Natürlich ist nicht die Resonanz im physikalischen Sinn gemeint. Ich beziehe mich hier auf den Resonanzbegriff des deutschen Soziologen Hartmut Rosa, der 2016 in seinem Buch *Resonanz* und 2019 im Buch *Unverfügbarkeit* den Menschen als Resonanzwesen beschreibt. Zitat daraus: *„Wann immer wir mit der Welt in Resonanz treten, bleiben wir nicht dieselben."* Der Mensch soll mit seinem Leben in Resonanz sein, mit seinen Mitmenschen, der Natur, der Schöpfung.

Ich behaupte, man kann das auch auf die sogenannten unbeseelten Dinge ausdehnen, z. B. kam von meiner Lehrgangsleiterin der nette Vergleich von der Kaffeetasse, die von mir ausgetrunken werden möchte. Von vollen Kaffeetassen fühle ich mich immer angesprochen!

Aber, wenn dir das Thema noch zu schräg erscheint, versuch es zuerst mit der belebten Natur: Tieren kann man so wunderbar in die Augen schauen und Resonanz aufbauen, ein Baum spricht vielleicht schon deutlich die Einladung aus, ihn zu umarmen, ein Sonnenaufgang oder der erste Schnee berühren dich in deinem Innersten.

Ich verwende hier auch gern den Ausdruck vom „sich angesprochen fühlen". Resonanz kannst du auch mit viel Achtsamkeit und Offenheit wunderbar trainieren, sie ist dir möglicherweise verschüttet gegangen, aber sie ist da.

CTA: Falls du es noch nicht gemacht hast, bau Resonanz zu deinen Kindern auf oder erweitere sie bei den verschiedensten Gelegenheiten. Hier plädiere ich auch einmal für einen Stopp in der verbalen Kommunikation. Resonanz gedeiht gut in der Stille. Leite deine Kinder an. Ein guter Einstieg wären Bilder (Fotos, Ansichtskarten, Kalender). Die Kinder sollen eines wählen und begründen, warum sie sich davon besonders angesprochen fühlten.

***

Respekt

Auf die Gefahr hin, mich zu wiederholen: Respekt ist eine unumstößliche Forderung, die ich zu 100 % unterschreibe.

Respekt steht jedem Lebewesen zu, deiner/m Vorgesetzten genauso wie der Spinne in deiner Küche (ok, bei Lebensmittelmotten wird's schwierig).

Ich hebe hier aber den Begriff noch einmal in beratungstechnischer Relevanz hervor, um ihn von unserer großen Hilfsbereitschaft und unserer ausgeprägten Problemlösungskompetenz abzukoppeln.

Ruf dir noch einmal in Erinnerung: Jede/r trägt die Lösung zu seinem Problem bereits in sich. Du kannst auch nicht in den Schuhen deiner Kinder gehen. Du kannst ihnen Angebote machen, aber respektiere, dass sie ihren eigenen Weg gehen müssen.

Hab Respekt vor ihrer Familiengeschichte, ihrem sozio-kulturellen Umfeld, ihren Lernschwächen oder ihren speziellen Begabungen, auf jeden Fall vor ihrer Eigenständigkeit.

All das kannst du auch für dich einfordern, immer und von jedem Menschen.

***

Rituale

Kinder mögen Rituale. Allein das wäre schon Grund genug, einige in deiner Klassenarbeit zu verankern, aber auch wir Erwachsene haben weit mehr Rituale in unser Leben integriert, als uns manchmal bewusst ist.

Wie laufen deine täglichen Verrichtungen nach dem Aufstehen ab? Sicher nicht jeden Tag anders. Wahrscheinlich finden sie in annähernd der gleichen Reihenfolge statt, mit derselben Tasse für Kaffee oder Tee, vielleicht mit den gleichen Worten, die du mit deiner/m Partner*in sprichst.

Das sind aber, strenggenommen, Gewohnheiten oder Routinen. Sprichst du vor der täglichen Autofahrt ein Gebet (solltest du vielleicht einen Mechaniker aufsuchen), fasst in bestimmten

Situationen deinen Talisman an, zündest du am Todestag eines verstorbenen Verwandten eine Kerze an, dann bist du schon nah dran am Ritual.

Aber ganz sicher feierst du auch Geburtstage oder religiöse Feiertage im Familienkreis auf die annähernd gleiche Weise seit Jahren. Und hier, irgendwo zwischen den „kleinen" und den „großen" Ritualen (Feiern) kannst du Rituale verorten, die dir und deinen Kindern guttun.

Einfaches psychologisches Basiswissen besagt, dass Rituale durch ihre immer gleiche Erscheinungsform und die Wiederholungen Sicherheit, Orientierungs- und Strukturierungshilfe geben.

Darüber hinaus verleihen sie aber einfachen Handlungen und Situationen eine Bedeutung, sie werten sie auf. Auch damit kannst du Resonanz erzeugen.

Gewinnbringend ist es auch, die Kinder selbst Rituale entwickeln zu lassen oder an der Entwicklung zu beteiligen. So hat eine meiner Klassen einmal den Brauch des Händeschüttelns bei der Verabschiedung eingeführt. Ich habe auf dem dabei-in-die-Augen-Schauen bestanden, und wir alle waren zufrieden.

Übertreib es aber nicht. Ich habe schon durchritualisierte Unterrichte gesehen, dann wird es leider inflationär und verliert seine Wirksamkeit des besonderen Augenblicks.

***

Rollenspiele

Rollenspiele zu Märchen, Gedichten (szenische Darstellung) oder theaterpädagogische Übungen machen nicht nur unglaublichen Spaß, sie fördern auch die Sprach- und Handlungskompetenz, das Selbstwertgefühl und die Beziehungen der Kinder untereinander.

Aber natürlich (ich bin ja jetzt in erster Linie Beraterin und nicht mehr aktive Lehrerin) meine ich hier Rollenspiele, die im Beratungskontext zur Anwendung kommen. Ich meine hier vor allem das Psychodrama nach Jacob Moreno. Für alle, die noch nichts davon gehört haben, es ist nicht so dramatisch, wie es klingt. Psycho steht einfach für Seele und Drama für Handeln.

Du lässt quasi ein Problem aus dem Umfeld der Kinder im Rollenspiel darstellen, was in weiterer Folge zu den bekannten Aufstellungsszenarien führt. In denen nehmen Stellvertreter die Rollen von am Problem beteiligten Personen ein.

Ich warne aber ausdrücklich davor, sich hier psychologisch zu weit vorzuwagen. Aufstellungen, bzw. ihre Ergebnisse oder Folgen müssen immer gedeutet, nachbesprochen werden und können dich bei zu geringer Erfahrung oder fehlender Ausbildung auf diesem Gebiet heillos überfordern.

Wenn du aber nicht so „heikle“ Szenen aus dem alltäglichen Umfeld spielen lässt, können auch darin die Kinder spielerisch Lösungen für individuelle oder zwischenmenschliche Konflikte suchen. Man kann auch mit Requisiten arbeiten, z. B. Puppen, Stofftieren, Kissen, Brettspielfiguren.

Ein kleiner Nachtrag: In Gruppendynamik habe ich den Einsatz von Soziometrie und Soziogrammen angeregt. Auch das geht auf Moreno zurück, der diese Techniken weiterentwickelt und -verbreitet hat.

***

Schwellenstunde

Hier ist die vor einigen Kapiteln versprochene Schwellenstunde! Es ist erstaunlich, wie wenige Lehrer*innen diesen Begriff kennen, obwohl sie ihn oft genug praktizieren.

Es ist eine gänzlich unvorbereitete Stunde, wo du erst auf der Schwelle entscheidest, was du gleich unterrichten wirst.

Natürlich empfehle ich dir das nicht als Unterrichtsprinzip, obwohl ich ja oft genug für Spontaneität und Flexibilität plädiert habe. Andrerseits würde das den Prinzipien von qualitätsvollem Unterricht widersprechen, den ich ja auch erst vor wenigen Seiten beschrieben habe.

Schwellenstunde werden vermutlich öfter vorkommen, wenn du eine gewisse Routine erlangt hast und deshalb nicht mehr so akribisch vorbereitest. Sie werden dich dann auch weniger stressen, als wenn das in deinen Anfangsjahren passiert, weil du vielleicht supplieren musst.

Beruhigend ist es, wenn du bereits einen großen Wissensvorrat angehäuft hast, auf den du zurückgreifen kannst, seien es Arbeitsblätter zu einem Thema, Spiele (es gibt ein riesiges Angebot an Büchern und Vorschlägen im Internet), Filme, die du am Laptop streamen kannst, Musik, die man gemeinsam anhören oder Themen, über die man sprechen kann.

So wenig ich es dir als durchgängige Arbeitspraxis empfehle – es wäre wirklich stressig und du würdest früher oder später Probleme mit der Schulleitung bekommen – hin und wieder eine Schwellenstunde zu halten, auch ganz bewusst, obwohl du eine Vorbereitung in der Tasche hast, bringt einen unglaublichen pädagogischen Mehrwert. Vor allem dir, weil du dann einmal deine Komfortzone verlassen musst und wie ein Hochseilakrobat ohne Netz arbeitest. Du hörst dann vielleicht auch wieder einmal deinen Kindern genauer zu, weil du nicht unbedingt deine eigene Planung durchziehen willst.

CTA: Siehe oben!

***

Selbstachtung, -bewusstsein, -erfahrung, -erkenntnis, -liebe, -wert

So, jetzt können wir es kurz machen. Nicht nur, weil all diese Begriffe sehr eng miteinander verwoben und verwandt sind, sondern weil ich sie in anderen Zusammenhängen schon hinlänglich erwähnt und beschrieben haben.

Nicht, weil sie unwichtig oder „ausgelutscht" wären. Beileibe nicht, sie sind die Grundlage deiner (Lehrer-)Persönlichkeit, zum Teil angeboren, aber zu einem großen Teil von Erfahrungen und externen Einflüssen bestimmt.

Ein lebenslanges Aufgabengebiet und du hast dir einen Beruf ausgesucht, der dieser Aufgabe förderlicher ist als manch anderer. Gratuliere!

***

Selbstständigkeit, Selbstermächtigung, Selbstbestimmung

Diese drei Begriffe, ebenfalls sehr nahe stehend in ihrem Sinngehalt, möchte ich separat betrachten.

Ich halte sie für unerlässlich in der Entwicklung zu starken, eigenverantwortlichen Kindern – oder auch Erwachsenen, denn manche erarbeiten sich diese Kompetenzen erst recht spät. Du kannst es auf den Seiten dieses Buches, aber auch in meiner Homepage, auf den Seiten der Wiener Bildungschancen, wo ich Angebote gestellt habe, erkennen, wie wichtig mir dieses Thema ist. Vor allem lehrt es mich meine fünfjährige Enkelin jeden Tag ihres Lebens, wie sie an allen Anforderungen wächst, die man ihr stellt. Hier haben ihre Eltern wirklich Großartiges geleistet, mehr, als ich mich manchmal getraut hätte.

Trotzdem möchte ich an dieser Stelle zu bedenken geben, dass man auch diese Förderung mit Augenmaß betreiben sollte. Besonders als sehr jungem Menschen, dem die Kids auch altersmäßig noch näherstehen, gelingt es dir vielleicht leichter, ihre Autonomiebestrebungen anzuerkennen und ihre Selbsttätigkeit zu fördern.

Mit dem größer werdenden Abstand, vielleicht auch durch eigene Kinder, kannst du sie aber immer mehr noch Kind sein lassen und, ohne ihre Selbstermächtigung zu sehr zu beschneiden, ihnen nicht zu viel Verantwortung aufbürden.

Ein geniales Beispiel lieferte mir die Klassenlehrerin des oben erwähnten Sohnes. Er wechselte nach zwei unerquicklichen Jahren im Gymnasium zu den Schulbrüdern im 15.

Bezirk. Die Klassenvorständin war eine sehr junge, äußerst toughe Person.

Nach drei Tagen berichtete mein Sohn nebenbei, dass die Frau Fachlehrerin ihm seine Mappe eingeräumt hätte – es mussten ja alle Schulsachen neu angeschafft und organisiert werden. Ich war nicht begeistert, dachte, es läge an seiner Faulheit oder Unwilligkeit, das selbst zu tun.

Kurz darauf, beim ersten Klassenforum, sprach ich sie darauf an und gab ihr gute Ratschläge, wie sie mein Faultier zu mehr Selbsttätigkeit heranziehen sollte.

Sie meinte, sie hätte in der Pause Zeit gehabt und seine Kontaktaufnahme zu den Mitschüler*innen sei ihr wichtiger erschienen.

***

Sinn

Der Sinn des Lebens – ein Ausdruck, der viele von uns mit Schaudern, Unbehagen und Ratlosigkeit erfüllt, weil er so groß und gleichzeitig so nebulös erscheint.

Vielleicht erwartest du dir an dieser Stelle, dass ich wieder ein Loblied auf unseren Beruf singe und dir erkläre, dass du ohnehin den am meisten sinnstiftenden Beruf ergriffen hast und es nur noch erkennen musst.

Vielleicht helfen dir aber ein paar Berufsjahre, um zu erkennen, dass du in dieser Tätigkeit nicht deinen Lebenssinn findest. Dann ist das auch ok.

Einer von vielen, der sich mit der Suche und der Frage nach dem Sinn des Lebens befasst hat, war Viktor E. Frankl, der Begründer von Logotherapie und Existenzanalyse. Er hatte vier Konzentrationslager überlebt (unter anderem Auschwitz) und beschreibt diese Erfahrungen in seinem 1946 erschienenen Buch *Trotzdem Ja zum Leben sagen.*

Eine Episode in diesem Buch schildert, wie ein sterbender Insasse erst in der Stunde seines Todes seinen Sinn entdeckt. Sehr traurig, aber auch schön und tröstlich.

Ein sinngemäßer Ausspruch aus diesem Buch ist auch: *Frage nicht, was du noch vom Leben erwarten kannst, sondern was das Leben von dir erwartet.*

Du kannst den Sinn des Lebens auch mit dem Begriff Ikigai gleichsetzen: Das, wofür es sich jeden Tag aufzustehen lohnt. Du kannst ja den Aspekt Bezahlung ausklammern, denn der Sinn des Lebens muss wahrhaftig nicht an eine bezahlte Tätigkeit gebunden sein.

Pragmatikerin, die ich bin, will ich nicht bis zu meiner Todesstunde warten, um den Sinn meines Lebens zu entdecken, und orientiere mich hier (unter anderem) an den Büchern von Don Miguel Ruiz. In den *Vier Versprechen* fordert er:

- Seien Sie untadelig mit Ihrem Wort
- Nehmen Sie nichts persönlich
- Ziehen Sie keine voreiligen Schlüsse
- Tun Sie immer Ihr Bestmögliches

In einem weiteren Buch kommt noch ein fünftes:

- Seien Sie skeptisch, aber lernen Sie, zuzuhören (5. Versprechen, Extrabuch)

Etwas sperrige Forderungen, ich weiß, aber durchaus lesens- und lohnenswert. Sie enthalten mehr an praktikablen Weisheiten, als der erste Blick vermuten lässt.

***

Sinne

Jetzt kehren wir wieder in die Realität zurück, denn die lässt sich mit all unseren angeborenen Sinnen erfahren. Und wie ich schon im Kapitel Realität die Meinung vertreten habe, dass diese durchaus bunt und abwechslungsreich sein kann, so rufe ich auf zum bewussten, geschärften und geschulten Einsatz aller Sinne.

Eine Übung, die ich dazu mit meinen Kindern gemacht habe, war, sich jeweils eine Minute (beliebig verlängerbar) auf die einzelnen Sinne zu konzentrieren.

Was siehst du in einer Minute von deinem Platz aus, nur, indem du die Augen schweifen lässt? Bei den anderen Sinneswahrnehmungen empfiehlt es sich, die Augen zu schließen. Schmecken war die schwierigste Aufgabe, wenn nicht gerade vorher Pause war und sie etwas gegessen hatten.

Sehr lustig waren die Antworten auf: Was fühlst du?

Wärme, Kälte, schmerzender Rücken, Kante des Sessels, kratzender Pullover, Falte im Socken, Hunger... um nur einige zu nennen.

Nach jeder Minute sollten sie die Sinneseindrücke auf einen Zettel schreiben und wir haben sie mit viel Aufmerksamkeit und auch Gelächter verglichen. Die Kinder waren von dieser Aufgabenstellung so begeistert, dass sie manche auf dem Heim- oder Schulweg im Verkehrsmittel durchgeführt haben (ohne zu schreiben), manche haben sich zu Hause in ihr Zimmer eingeschlossen und sie dort durchgeführt.

Für mich die perfekte Achtsamkeitsübung.

CTA: Du kannst es dir denken?

***

Sonderschule, Sonderpädagogik

Kennst du eigentlich noch eine Sonderschule? Wenn du in Wien lebst, geb ich dir einen Tipp: Sie verbirgt sich meist unter langen mehrteiligen Bezeichnungen, in denen möglicherweise kein Wort mit Sonder- beginnt, wohl aber Inklusion (siehe auch unter diesem Stichwort) enthalten ist.

Vielleicht machst du auch drei Kreuze (oder was auch immer), dass diese dunklen Zeiten endlich überwunden wurden und keine Kinder mehr „ausgesondert" werden. Sie werden ja jetzt zu ihrem großen Heil und Nutzen inklusiv betreut. Falls ich gerade ein bisschen zynisch klinge, ist das durchaus beabsichtigt.

Ich beschreibe dir kurz die Sonderschule (sie heißt auch nicht mehr so), in der ich über vierzig Jahre ein äußerst erfülltes, anstrengendes, manchmal frustrierendes, aber mehrheitlich glückliches Berufsleben verbrachte.

Sie bestand immer aus rund 10-11 Klassen mit einer Klassenschülerhöchstzahl von **zwölf** Kindern. Auch das schwankte immer wieder, aber im Durchschnitt war dies die Obergrenze.

Übrigens die Zahl, die ein Trainer aus meiner Trainerausbildung auf die Frage, wie viele Teilnehmer üblicherweise bei einem Seminar wären, nannte. Alles darüber sei **unseriös**. Lass dir dieses Wort auf der Zunge zergehen.

Wohlgemerkt, wir sprechen hier nicht von Vorträgen (Frontalunterricht), sondern von interaktivem, differenziertem Unterricht, bei dem du möglichst jedes Kind abholen sollst. So fordert es ja auch die Bildungswissenschaft und die Gesellschaft von uns – und die Erfahrung, die die Praxis mit sich bringt.

Es gab das Klassenlehrersystem, d. h., du übernahmst im Idealfall eine erste, häufiger zweite Schulstufe und begleitetest diese Kinder bis zu ihrem Austritt nach der achten Klasse. Werken, Religion, auf der Oberstufe Informatik und Hauswirtschaft hielten andere Lehrkräfte, alles andere du.

Vor der Einführung des Teamteachings (auch dazu gibt es ein Kapitel) standest du allein in der Klasse. Kein Drama, du hast es so gelernt und nichts anderes erwartet. Du warst verantwortlich für alles, was schiefgelaufen ist, aber auch für die Erfolge in deiner Klasse.

Zum kollegialen Austausch oder um nach Rat oder Hilfe zu fragen, gab es die Pausen oder die Zeiten vor und nach dem Unterricht. Mit der Zeit verstärkte sich die Zusammenarbeit zwischen den Klassen, es wurden nicht nur gemeinsame Feste gefeiert und Wandertage abgehalten, sondern immer mehr gemeinsame Projekte initiiert.

Dies führte schließlich zu einer Umorganisation des Unterrichts mit klassenübergreifenden Lerngruppen und der Einführung eines Modultages, an dem die Kinder aus einem großen Angebot unterrichtsergänzender Themen wie Coding, Ballsport, kreatives Gestalten und mein geliebtes Tanzen (um nur einige zu nennen) wählen können.

Die Kolleg*innen meiner Generation und noch etwas darüber hinaus hatten das Lehramt für Sonderschule, das die Allgemeine Sonderschule, die Sonderschule für Schwerstbehinderte und sehr oft noch die Ausbildung zum Sprachheillehrer inkludierte. Es beinhaltete sehr viel Psychologie, medizinische Grundlagen, natürlich alle bildungs- und erziehungswissenschaftlichen Fächer, vor allem aber eine gründliche didaktische Ausbildung und Praxisstunden in einem Ausmaß, von dem ihr heute nur träumen könnt. Daneben hattest du natürlich regelmäßig Fort- und Weiterbildungen.

Unsere „Klientel" waren Kinder mit mehr oder weniger ausgeprägten Lernbehinderungen aufgrund von physiologischen Gegebenheiten oder soziokulturellen Umständen. Anfangs hatten alle Schüler*innen den ASO-Lehrplan. Kinder, die ihren Entwicklungsrückstand aufgeholt und deren Lernleistungen sich stabilisiert hatten, konnten an speziellen Standorten in einem einjährigen Lehrgang den Hauptschulabschluss erlangen.

Im Lauf der Jahre wurde der Sonderpädagogische Förderbedarf vermehrt für einzelne Gegenstände ausgesprochen. Was auf den ersten Blick wie eine bessere Differenzierung aussieht, erweist sich in der Realität oft auch als nicht so durchgedacht.

Denn wie soll ein Kind mit SPF in Deutsch in den Realienfächern (Geschichte, Geografie...) oder auch in Mathematik mit Textaufgaben den Lernstoff so bewältigen, dass es nach NMS-Lehrplan positiv abschneidet?

Jedenfalls werden an meiner ehemaligen Schule (und nicht nur dieser) mittlerweile Kinder nach allen Lehrplänen unterrichtet. Seit vielen Jahren beobachte ich teils sehr gelungene Schul- und Ausbildungskarrieren unserer Abgänger*innen und eine geringere Drop-Out-Quote als im Vergleich mit vielen NMS.

Zu meinem Selbstverständnis als Sonderschullehrerin: Ich bin relativ naiv und unreflektiert in diesen Beruf gestolpert. Ein gütiges Schicksal hat mich davor bewahrt zu scheitern, sondern hat mir hier vielmehr meine Lebensaufgabe zugewiesen.

Ich hatte nie ein Problem mit meiner Berufsbezeichnung, kann aber nachvollziehen, dass es für viele Eltern und damit auch für die Kinder negativ besetzt war, in eine Sonderschule zu gehen.

Obwohl ich in vielen Gesprächen meinen Kindern immer klarzumachen versuchte, dass sie etwas Besonderes sind, war ich immer pragmatisch genug, eine Namensänderung, vor allem im Briefkopf und im Schulstempel zu befürworten. Wenn die Gesellschaft ein anderes Etikett braucht, sollen sie es haben.

Was mich nicht nur traurig, betroffen, manchmal auch unglücklich und sehr oft wütend macht, ist, dass man viele der gelungenen Maßnahmen auch abschafft – nach dem Motto: Wenn man alles abschafft, was mit der alten Sonderschule zu tun hat, gibt es auch keine Sonderschüler*innen mehr.

Im Gegenteil. Mit den Jahren und einem gewissen Rundumblick stellte ich fest, dass die Kinder, die ich in diesen vier Jahrzehnten unterrichtet und begleitet habe, sich nicht wirklich von denen in den Volks- und Hauptschulen unterschieden.

So besonders waren sie also gar nicht. ☺

Warum ich es trotzdem befürwortete, dass sie in die Sonderschule kamen, ist leicht zu beantworten: Ich hielt unser System einfach für das bessere. Was manche Kinder in der Regelschule auffällig machte, war für uns die Normalität. Hier durften sie Fehler machen, ohne dass es zu Beschämung und Selbstwertverlust kommen musste. Das soll auf keinen Fall ein Vorwurf an die Kolleg*innen sein, aber wie schon in Inklusion gesagt, Kinder vergleichen sich mit anderen und haben ganz feine Antennen für nicht erfüllte Erwartungen, eigene und die von Eltern, Lehrkräften usw.

Mehr dazu noch im Kapitel Utopie.

***

Spiele

Vielleicht kannst du nach der bisherigen Lektüre des Buches schon eine Annahme treffen, ob ich Spiele befürworte? Schau, ich mach jetzt einfach ein Copy Paste aus Wikipedia, das spricht mir aus der Seele.

Der Homo ludens [ˈhoːmoˈ ˈluːdeːns] (lateinisch homō lūdēns, deutsch „der spielende Mensch") ist ein Erklärungsmodell, wonach der Mensch seine kulturellen Fähigkeiten vor allem über das Spiel entwickelt[1]: Der Mensch entdeckt im Spiel seine individuellen Eigenschaften und wird über die dabei gemachten Erfahrungen zu der in ihm angelegten Persönlichkeit. Das Spiel ermöglicht es, die Zwänge der äußeren Welt zu erfahren und gleichzeitig zu überschreiten. Phantasievolles Spielen dient schon im frühkindlichen Alter der Darstellung des inneren Erlebens. Auch Märchen sind eine Form des gedanklichen Spiels. Im erzählerischen „Spiel" ergänzt der Mensch seine pragmatischen Erfahrungen um die Dimension einer phantasievollen Sinnfindung. [2]

Ich ergänze nur noch: Spielen generiert Flow wie selten eine andere Tätigkeit, es bringt Freude und es gibt eine unendliche Vielfalt, von Spielen am Handy (auch legitim, in der Klasse ist es nicht meine erste Wahl) über Brett-, Rollen- und Bewegungsspiele.

CTA: Leg einmal das Handy weg (oder den Controller) und veranstalte einen Spieleabend mit Freunden. Und natürlich mit deinen Kindern.

***

Sprache

Definitiv eine der Hauptkomponenten einer geglückten Unterrichtsarbeit.

Ich beziehe mich hier vor allem auf die rhetorischen und sozio-kulturellen Aspekte von Sprache, die ich für mindestens genauso wichtig erachte wie Sprechtechnik.

Auch wenn du viel Freiarbeit, Gruppenarbeit, stille Einzelarbeit und Stationenbetrieb in deinen Unterricht implementiert hast, bleibt genügend Zeit übrig, in der du vor der Klasse stehst (vor den Kindern hoffentlich, nicht vor der Tür) – die Situation, die viele Junglehrer*innen fürchten.

Auch ich habe all diese Unterrichtsformen angewendet, und doch halte ich den klassischen Frontalunterricht für die Königsdisziplin von Lehrtätigkeit. Oder doch nicht ganz klassisch im herkömmlichen Sinn, denn mein Unterricht war eigentlich überwiegend Lehrer-Schüler-Gespräch und sehr interaktiv. Königsdisziplin deshalb, denn, wenn du es schaffst, eine Schulklasse so zu unterhalten, zum Zuhören zu bewegen und in ein Gespräch einzubeziehen, dass die Stunde gefühlt zu schnell vergeht, dann hast du Einiges richtig gemacht.

Achte nur trotzdem immer auf deinen eigenen Gesprächsanteil: Er sollte nicht zu groß sein, also in einen Monolog ausarten und vergewissere dich immer wieder, dass du verstanden wirst – Begriffsklärung. Dann musst du auch nicht diese unsägliche „einfache Sprache" verwenden, wie es der ORF gerade in Nachrichten macht. Die Kids merken, wenn du ihnen ein gewisses Niveau zutraust und zumutest, und sie wissen es zu schätzen.

Ein großer persönlicher Bonus war meine Schlagfertigkeit. Vor allem bei älteren Kindern und Jugendlichen eine äußerst wertvolle Ressource. Ein cooler Spruch setzt Grenzen, verblüfft und entschärft durch Lachen manch haarige Situation. Ich hatte das Glück, in einer sehr sprachgewandten Familie aufzuwachsen, in der viele Antworten und Sager nicht als frech eingestuft wurden wie in manch anderer Familie, sondern wofür man sogar Anerkennung bekam. Falls dieses Talent in dir nur rudimentär vorhanden ist, erwecke es zum Leben. Auch Schlagfertigkeit kann man sehr gut üben. Welche Eigenschaft, denkst du, ist hierfür nützlich? Richtig. Der Mut. Du musst dich nur trauen.

Unterrichtssprache Deutsch: Ist das ein heikles Thema für dich? Hast du das Gefühl, die Kinder mit nicht deutscher Muttersprache zu nötigen oder stehst du auf dem Standpunkt, die Verwendung von türkisch, albanisch, romanes usw. zeigt mangelnden Integrationswillen und gehört deshalb unterbunden? Die Wahrheit liegt wieder irgendwo dazwischen.

Mein Ziel war es immer, jedem Kind möglichst rasch gute Sprachkenntnisse in Deutsch zu vermitteln – der stärkste Motor für Teilhabe an allen gesellschaftlichen Vorgängen, gelungene Integration in die Mehrheitsgesellschaft und bessere Bildungs- und Berufschancen.

Gleichzeitig bin ich an **allen** Sprachen leidenschaftlich interessiert und habe den Pool, der mir durch meine Multikulti-Klassen zur Verfügung stand, weidlich ausgenutzt.

Du weißt ja, wie das mit der Begeisterung ist: Alle Kinder der jeweiligen Klassen machten eifrig vergleichende Sprachstudien, lernten Wörter oder ganze Sätze und übten fremde Alphabete. Das Leuchten in den Augen der Kinder, wenn sie in „ihrer eigenen Sprache" sprechen durften oder darüber, zeigte mir, wie identitätsstiftend Sprache ist.

Und es erinnerte mich daran, wie meine eigene Großmutter vor knapp hundert Jahren alle paar Wochen sechs Kilometer auf dem Fahrrad in die Nachbarstadt fuhr, um mit Matrosen ungarischer Schiffe, die dort anlegten, eine kurze Zeit in ihrer Muttersprache plaudern zu können. Eine andere Möglichkeit hatte sie nicht.

Ich ließ es auch zu, dass Kinder aus derselben Sprachfamilie in den Pausen hin und wieder ihre Sprache benutzten – solange ich nicht den Eindruck hatte, dass sie benützt wurde, um sich selbst abzugrenzen.

Ich legte den Eltern dieser Kinder auch immer dringend ans Herz, zu Hause die Muttersprache zu verwenden, auch in schriftlicher Form. Du kennst sicher die großen Probleme aus der Erwachsenenbildung, wenn junge Asylsuchende Deutsch in Wort und Schrift lernen sollen, in ihrer Muttersprache aber nicht alphabetisiert sind.

Das große Interesse meiner Kinder an anderen Sprachen zeigte sich auch, wenn sie mich mit Kolleg*innen, neu hinzugekommenen Kindern aus den Bundesländern oder auf Ausflügen in die Umgebung Wiens Dialekt sprechen hörten. Sie lernten begeistert Mundartlieder und ein mazedonischer Schüler verabschiedete sich für den Rest des Jahres mit „Pfiat di", weil er diesen Gruß auf einer Exkursion aufgeschnappt hatte und er ihm so gut gefiel.

Eine andere Sprache betrifft das sozio-kulturelle Umfeld der Kinder. Auch hier ist es ein Vorteil, wenn du selbst „mehrsprachig" bist und nicht nur in der Sprache des gehobenen Bildungsbürgertums sozialisiert wurdest. Manchmal macht es durchaus Sinn, sich sprachlich auf die Ebene der Kinder oder ihrer Eltern zu begeben, damit überhaupt Kommunikation stattfinden kann. Auch wenn ich mich vorhin über die „Nachrichten in einfacher Sprache" mokiert habe, es zeugt von Respekt, wenn du nicht auf deinem Burgtheaterdeutsch beharrst, sondern in der Sprache deines Gegenübers sprichst. Übrigens hat keines, wirklich keines meiner Kinder bei seinem Schulaustritt dieses Türkendeutsch oder Jugodeutsch, wie es auch gerne im Kabarett persifliert wird, gesprochen.

Zur Gewaltfreiheit von Sprache. Ich habe schon an anderer Stelle darüber gesprochen (geschrieben), dass sich ein höflicher, wertschätzender Ton den Kindern gegenüber von selbst versteht. Das verbietet mir aber nicht a priori den Gebrauch von bestimmten Kraftausdrücken.

Ich kann nicht nachvollziehen, warum sich manche Kolleg*innen lieber die Zunge abbeißen würden als Scheiße zu sagen, gleichzeitig Kindern aber vermitteln, dass sie sie für dumm halten. Eine klare, deutliche Sprache ist kongruent (sieh dort nach) und verstärkt deine Authentizität. Wenn ich mir das Schienbein anschlage, nach der fünften Aufforderung keine Hausübung bekomme, Schülerin X Schülerin Y im Vorbeigehen eine Dachtel versetzt, dann ist ein: *Das ist aber schade, nicht nett, nicht ok* nicht angebracht.

Noch ein kleiner, aber nicht unwichtiger Beitrag des deutschen Logikers und Wissenschaftstheoretikers Varga von Kibed. Sprache besteht im Wesentlichen aus drei Elementen:

- Normativ: Verkündigung von Regeln, Geboten, Normen...
- Deskriptiv: beschreibt, was vorgefunden wird
- Kurativ: heilt, tröstet, ermutigt

Überprüfe einmal deine Sprache dahingehend, welche Elemente du bevorzugt verwendest.

***

Supervision

Wenn ich diese Zeilen schreibe, hoffe ich, dass sich meine Utopie einer verpflichtenden, kostenfreien, regelmäßigen, professionellen Supervision schon oder bald erfüllt. Ich fand es mit zunehmenden Jahren immer unglaublicher, dass dies in unserem Arbeitsfeld nicht vorgesehen war und ist, vor allem bei immer häufiger zu Tage tretenden Krisen im Bildungsbereich. Zumal es in anderen, ähnlich belasteten Berufen durchaus zum professionellen Leitbild gehört – seit Langem.

Auch ich gehörte lange zu jenen, die etwas schnippisch und überheblich meinten, man brauche sowas nicht. Ein gutes Gespräch bei einem Kaffee oder einem Glas Wein mit Freund*innen, Kolleg*innen erfülle den gleichen Zweck.

Irgendwann erwachte aber doch in einigen von uns der Gedanke, es einmal mit Supervision zu versuchen und wir organisierten es für die Schule. Es war einigermaßen schwierig, genügend Leute zusammenzubringen, einen Termin zu finden und vor allem einen Supervisor, der wenig bis gar nichts kosten sollte. Also zogen wir nur Personen in Betracht, die über das (damals noch bestehende) Pädagogische Institut vermittelt wurden. Es war kein großer Erfolg. Mit einigen Unterbrechungen und etlichen Anläufen schafften wir es, über die Jahre so eine Good Will Supervision fortzuführen.

Erst im Zuge meiner berufsbegleitenden Ausbildungen zu Trainer, Coach und LSB erkannte ich den Wert wahrhaft professioneller Supervision und es gruselte mich im Nachhinein, was uns unter Supervision angeboten worden war und wie laienhaft wir selbst es initiiert hatten.

Die oben erwähnten Gespräche im privaten Rahmen haben durchaus psychohygienischen Wert, sie befreien kurzfristig, entspannen, man redet sich Belastendes von der Seele. Aber überleg einmal, wie viele echte Lösungen dabei schon generiert wurden. Meist spricht man mit Leuten aus derselben Blase, mit den gleichen oder ähnlichen Ansichten, Menschen, die einen mögen und vielleicht deshalb schonen wollen. Sie haben vielleicht die gleichen Probleme, aus denen sie nicht herausfinden und möglicherweise schmiedet ihr auch Koalitionen im Sinne der Glasl'schen Eskalationsstufen (Konflikte).

Es spricht also vieles für eine neutrale Person mit Supervisionsausbildung und -erfahrung. Sie muss nicht einmal vom Fach sein, manchmal ist das sogar kontraproduktiv. Ein unvoreingenommener Blick von außen kann individuelle oder partnerschaftliche Probleme eher wahrnehmen als jemand, der sich unter Umständen in Fachfragen verfängt.

Verpflichtend, also berufsbegleitend, deshalb, weil man es sonst nicht macht. Es wird uns so viel von „oben" verordnet, das weitaus weniger Sinn macht. Supervision gehört zur Professionalisierung eines Berufsstandes, der so vielen psychischen, emotionalen und auch mentalen Herausforderungen ausgesetzt ist, einfach dazu.

Regelmäßig, also zumindest einmal im Monat, sollte sie stattfinden, weil sich sonst zu viele Fragen anhäufen und die Umsetzung von besprochenen Maßnahmen zeitnahe überprüft werden kann.

Und kostenlos sollte auch in unserem Bildungssystem kein Thema sein. Andere Berufsgruppen schaffen das auch.

CTA: Sprich dieses Thema an deiner Schule an, falls es noch nicht geschehen ist oder beiß in den sauren Apfel und geh privat. In der Supervision behandelst du vorrangig berufliche Probleme, es unterscheidet sich somit deutlich von der breiter aufgestellten und tiefer gehenden psychosozialen Beratung.

***

System

Dieses Thema habe ich schon mehrfach angeschnitten in Beziehungen, Familie, Gruppendynamik und auch in Netze.

Kurz möchte ich noch einiges ergänzen. Du bist Teil verschiedener Systeme, in manche wurdest du hineingeboren (Familie, Ort, Land), manche hast du mehr oder weniger selbst gewählt (neue Familie, Beruf, Vereine).

Gleich an dieser Stelle eine Reflexionsaufgabe: Fühl dich hinein in diese Verbindungen und überdenke die vorhandenen Strukturen. Fokussiere auf die Verbundenheit und nicht auf die trennenden Elemente. Dann erkennst du die Komplexität von Sachverhalten und Beziehungen besser und verstehst, wie alles mit allem zusammenhängt.

Und dass du oft nur einen Aspekt in dem System verändern musst, nämlich dich, wenn du eine Veränderung herbeiführen willst.

***

Tanz

Bei diesem Thema muss ich sehr diszipliniert sein. Würde ich jetzt meinen Gefühlen freien Lauf lassen, könnte ich ungebremst die nächsten 30 Seiten nur über das Tanzen mit Kindern sprechen. Es war definitiv meine beste Idee und mein erfolgreichstes Projekt. Zum Glück war meine langjährige Freundin und Kollegin eine kongeniale Partnerin, denn das

Tanzen fand so großen Anklang, dass wir es nach dem ersten Auftritt in unserem Turnsaal klassenübergreifend anbieten konnten. Allein hätte ich diesen Ansturm nicht bewältigt, vor allem, weil wir ab dem zweiten Jahr auch die Gelegenheit bekamen, unser jährliches Abschlussfest im Festsaal einer VHS durchzuführen, wo wir ein 250 bis 300-köpfiges Publikum unterhalten durften. Mit einem dreistündigen Programm, wohlgemerkt.

Das Programm umfasste Line Dance, ethnische Tänze in Reigen und Kettenform, Pop- und Jazztanz Choreografien. Für Hiphop und Rap griff ich auf Spezialist*innen zurück. Man muss nicht immer alles selber machen. Besonders eine damalige Studentin und spätere Kollegin, nicht nur musikalisch äußerst bewandert, gab mir hier wertvollen Input. Danke, Kathi!

Nach ungefähr fünf Jahren hatte ich die Eingebung, auch Gesellschaftstanz anzubieten, da unsere Jugendlichen kaum Zugang zu Tanzschulen hatten. Hier war meine Partnerin zum ersten Mal etwas skeptisch, aber die Begeisterung der Kinder überzeugte sie rasch. Ab diesem Jahr benannten wir das Tanzfest um in Schulball, denn jetzt bezogen wir auch die Angehörigen der Kinder noch viel mehr ein. Es war unglaublich berührend, wenn die Kinder/Jugendlichen ihre Mamas, Papas, Großeltern, WG-Betreuer*innen und auch ihre Lehrkräfte zum Tanz aufforderten.

Wir nahmen dann auch noch Contemporary in unser „Curriculum" auf. Hier und auch in vielen anderen Eigenchoreografien waren die Kinder stark in die Erarbeitung involviert.

Du kannst dir vielleicht vorstellen, was das Tanzen für Auswirkungen im kognitiven Bereich hatte, selbstverständlich für die körperliche Fitness, aber vor allem für die soziale Interaktion und alle Bereiche, vor die du selbst setzen kannst.

In diesen Stunden hatten wir durch diese reine Freude, aber auch die ständig wachsenden Anforderungen unseres anspruchsvollen Programms die unmittelbarsten Flow-Erfahrungen – oder einfach Glücksmomente.

CTA: Tanze selbst und tanze mit deinen Kindern – oder buch mich über Wienxtra. ☺

***

Teamteaching

Es gab einmal eine Zeit, ich schätze vor 20-25 Jahren, da war es die Normalität schlechthin, dass man als Klassenlehrerin allein unterrichtete. In der Sonderschule so wie in der Volksschule alles (außer Religion, textiles Werken, in der Oberstufe auch Hauswirtschaft und Informatik), nur umfasste die Sonderschule ja acht Schulstufen.

Irgendwann hielt dann auch bei uns das Teamteaching Einzug, viele waren froh darüber und empfanden es als Erleichterung.

Daran, dass ich die dritte Person Plural verwende, kannst du ersehen, dass ich von Anfang etwas skeptisch war. Die Teams wurden ziemlich wahllos und ad hoc zusammengewürfelt und auch hier wieder ohne professionelle Vorbereitung und Begleitung in den Unterricht implementiert.

Ich sah (und sehe) wenig Sinn darin, in übervolle Klassen noch eine zweite oder dritte Person zu quetschen. Wir haben nun die Situation von häufigem Teamteaching – die vielen Kolleg*innen, die noch immer viele Stunden alleine 25 Kinder unterrichten, schielen neidvoll in diese Richtung, weil sie sich davon Erleichterung versprechen.

Den Glücklichen, die nun nicht mehr allein die ganze Arbeit bewältigen mussten, wurde oft nach kurzer Zeit schmerzlich bewusst, welche Probleme mit eingezogen sind. Eine zusätzliche Person braucht mehr Platz: eigenen Schreibtisch – Standort!, eigenes Regal oder Platz im Kasten. Es geht nicht nur um die Fragen von Arbeits-, sondern auch um Ressourcenaufteilung: Wer ist wann wie lange am PC, wer geht in den „besseren" Raum (falls ihr euch zeitweise trennt), überhaupt: Wer geht, wer bleibt in der Klasse?

Vordringlich ist die Frage nach Leadership. Bedeutet die Zulage, die die klassenführende Person bekommt, auch automatisch, dass sie das alleinige Sagen hat oder regelt ihr das vollkommen demokratisch?

Nicht zu unterschätzen ist das Thema Eifersucht. Wer kommt besser bei den Kindern an? Wessen Ideen rufen mehr Begeisterung hervor? Wem „folgen" sie mehr?

Alles keine unlösbaren Probleme, ein funktionierendes Team kann die Arbeit in der Klasse sehr bereichern. Ein dysfunktionales allerdings erschwert die Arbeit ungemein, denn dann bekommen die Kinder zu ihren eigenen auch noch eure Beziehungsprobleme geliefert.

Ich plädiere also auch hier für eine professionelle Begleitung von Anfang an, zumindest mit Hilfe von regelmäßiger Supervision. Im Beratungsprozess würde ich hier ein Wertequadrat erstellen, um zu sehen, wie ihr unterschiedliche Betrachtungsweisen annähern könnt.

CTA: Zur konstanten Begleitung von Teamwork kann auch die regelmäßige Lektüre der *Vier Versprechen* aus dem Kapitel Sinn herangezogen werden.

***

Theorie U

Ich möchte dir hier eine interessante Theorie vorstellen, die nicht nur für Schulentwicklung, sondern für annähernd alle Bereiche des Lebens angewendet werden kann. Ich füge noch eine Grafik ein, um dich vielleicht ein bisschen neugierig zu machen, den Rest kannst du dir unter folgendem Link durchlesen. Es würde den Rahmen dieses Buches sprengen, wenn ich sie hier ausführlich erläutern sollte.

https://www.futur2.org/article/von-der-zukunft-her-fuehren-mit-hilfe-von-otto-scharmers-theorie-u/

Grafik zu Theorie U von Claus Otto Scharner

| Downloading | ------------neue Strukturen------------ | Performing |
| runterladen, bewerten | | in die Welt bringen |

| innehalten | **IQ** | verkörpern |
| | Denken öffnen | |

Seeing	------------neue Prozesse------------	Prototyping
hinsehen		
ausprobieren		

| umwenden | **EQ** | hervorbringen |
| | Fühlen öffnen | |

| Sensing | ------------neues Denken------------ | Crystallizing |
| hinspüren | | verdichten |

| loslassen | **SQ** | kommen lassen |
| | Willen öffnen | |

Presencing
mit der Quelle verbinden, anwesend werden

Wer bin ich, was ist meine Aufgabe?

***

Üben

Eine vielfach gehasste Tätigkeit und doch unerlässlich, wenn du Erfolg haben willst.

Es führt einfach kein Weg dran vorbei.

Auch die vielfältigen, abwechslungsreichen Übungsmaterialien, die du sicher verwendest, kaschieren nur schlecht die Mühe, die es macht, wenn man sich komplexe Fähigkeiten und Fertigkeiten aneignen will (oder muss), egal, ob es sich um Dividieren handelt, den Felgeaufschwung, das Kraulen, Vokabeln, Deklinationen...

Zusätzlich zum oben genannten Angebot würde ich versuchen, immer wieder die intrinsische Motivation anzusprechen und zu initiieren, indem ich die Kinder oder mich selbst davon überzeuge, dass ich diesen Stoff ja tatsächlich lernen **will**. Du wirst einiges an Überzeugungskraft aufwenden, Belohnungen anbieten und Zukunftsperspektiven generieren (siehe auch Theorie U) müssen.

Manchmal hilft auch eine Rückbesinnung: Erinnere dich und deine Kinder, wie oft ihr beim Laufen lernen, beim Eislaufen, Schifahren hingefallen und wieder aufgestanden seid. Wie mühsam das erste Zusammenlauten war und wie mühelos Lesen jetzt (hoffentlich) gelingt.

Mein beliebtestes Argument: Hast du bei Spiel XY auch beim ersten Level aufgegeben, wenn es dich immer wieder rausgehauen hat? Vielleicht könnt ihr euch einmal die eine oder andere Sportlerbiografie anschauen?

Selbstverständlich müssen auch all die Anregungen, die ich dir zu deiner persönlichen Entwicklung gebe, gewissenhaft und regelmäßig trainiert werden. Selbsterkenntnis ist nur der Anfang.

***

Utopie

Das wäre auch ein gutes Schlusskapitel, aber so weit will ich mein ABC nicht umstoßen. Ich habe unter Inklusion und Sonderschule schon viele kritische Gedanken zu unserem Schulsystem geäußert und vielleicht habe ich dich auch ein wenig verwirrt.

Möglicherweise fragst du dich: Was will sie eigentlich? Wenn sich diese Kinder mit all ihren Problemen kognitiver und/oder psychosozialer Art ohnehin in allen Schulklassen wiederfinden, wozu braucht's dann eine Sonderschule? Wenn sie die Sonderschule möchte, warum dann mit allen Lehrplänen? Ist der SPF jetzt gut oder schlecht?

So, ich versuche es mit einem Satz: Solange das Schulsystem so aufgebaut ist, dass es die Regelschule zum Maßstab nimmt, einen Raster drüberlegt und alles, was nicht in diesen Raster passt, aussondert – solange braucht es die Sonderschule.

Ich verstehe die Intentionen, die aus dem Unterrichtsministerium und auch aus der Bildungsdirektion kommen. Sie müssen auch den Spagat zwischen Schule, Eltern und Wirtschaft vollbringen.

Es ist trotzdem keine Entschuldigung für all die unzähligen, meist unnötigen Reförmchen, die ich im Lauf meines Lehrerlebens erdulden musste. Ich wähle den Diminutiv absichtlich, denn es war keine einzige wirkliche Reform darunter, die diesen Namen verdient hätte.

Anstatt jetzt wieder herumzujammern und anzuklagen, sage ich dir die die zwei einfachen Maßnahmen, die ich für zielführend halte (du wirst verstehen, warum der Titel des Kapitels Utopie lautet):

Halbieren der Klassenschülerhöchstzahl, zumindest in der Volksschule.

Halbieren, nicht um ein bis zwei Kinder herabsetzen, wie es in Wahljahren gerne versprochen wird. Nicht noch mehr Leute in die Klasse. Dann ist seriöse, solide, differenzierte, individuelle Unterrichtsarbeit möglich.

Eine bessere Lehrerausbildung. Eine für alle (von Fachspezifika abgesehen) Lehrkräfte des Pflichtschulbereichs, die sie befähigt, allen Kindern gerecht zu werden.

Auch hier kann man Ausnahmen gelten lassen. Schwerste Behinderungen verlangen nicht nur besondere räumliche Voraussetzungen, sondern wirklich ein Expertenwissen, das nicht jede/r erbringen kann/mag.

Aber alle Kinder mit Teilleistungsschwächen, mit sprachlichen Defiziten auch aufgrund ihrer Herkunft, mit psychosozialen Problemen brauchen **keine Sonderschule**.

Sie brauchen Lehrer*innen, die so umfassend ausgebildet sind, dass sie nicht vor den ersten Verständnisschwierigkeiten von Kindern kapitulieren müssen, weil die Didaktik, die sie gelernt haben, nicht ausreicht. Die auf sozio-kulturelle und psycho-soziale Probleme einfach nicht vorbereitet wurden. Für die das Kind X, das in einer angemessenen Zeit und mit dem nötigen familiären Rückhalt alle Anforderungen meistert, der Maßstab ist, an dem sie alle anderen messen.

Mit einer besseren, im Sinn von komplexer, diverser, praxisbezogener Ausbildung ist es nicht allein getan. Wie ich schon fast ein ganzes Buch lang ausführe, geht es um die Herausbildung einer (selbst-)reflektierten, selbstbewussten Lehrerpersönlichkeit. Dazu muss nicht nur im Vorfeld, sondern auch begleitend in der Ausbildung und am Beginn der Dienstzeit Supervision, Coaching und Beratung zur Verfügung stehen. Wer das für utopisch hält, möge einen kurzen Blick auf die hohe Drop-Out-Quote von Lehrkräftenwerfen, eingerechnet die Krankenstände und begleitenden Therapien.

Ich fasse zusammen: Ich wünsche mir den besten Unterricht, mit allem, was Normpädagogik, Reformpädagogik (vor allem), Entwicklungspsychologie, Neurologie und Bildungswissenschaften beitragen können.

Ein Kind soll nicht erst eine „Diagnose" haben müssen, um anschaulichen, angstfreien, abwechslungsreichen und didaktisch gut fundierten Unterricht zu bekommen. Wie oft haben mir Bekannte, Verwandte, Freundinnen gesagt, sie würden ihr Kind am liebsten in meiner Klasse sehen, wenn es halt keine Sonderschule wäre, in der ich unterrichte.

Das entspräche doch aber dem Gedanken von Inklusion, meinst du?

Nun, dann lies noch einmal meine beiden Forderungen weiter oben. Die engagiertesten Lehrer*innen in Volksschule und Mittelschule können das unter den derzeitigen Bedingungen nicht schaffen. Hochbezahlte Trainer, Unternehmensberater und Mentalcoaches im betrieblichen Arbeitsfeld würden nur milde lächeln, wenn man ihnen Teilnehmerzahlen um die 20 vorschlüge.

Von den Kolleg*innen wird verlangt, nicht nur für ein Wochenende, sondern über Jahre hinweg äußerst komplexe Inhalte und Kompetenzen zu unterrichten und zu implementieren. Von dem unsäglichen Wust an administrativer Arbeit rede ich jetzt gar nicht. Und, wie gesagt, die Kinder mit psychosozialen, emotionalen, soziokulturellen und auch kognitiven Problemen sitzen schön verteilt in allen Schulen des Landes. Wobei man hier auch hinterfragen könnte, inwieweit diese Probleme im Regelschulsystem begründet sind.

Solange sich hier keine Veränderung abzeichnet (und ich fürchte, wir sind weit davon entfernt) bin ich froh über jede Sonderschule, in der Kindern und Lehrer*innen ein menschliches Umfeld mit guten Förderbedingungen geboten wird.

Ich möchte hier auf die Gegenargumente, die die Raum- und Kostenfrage ins Feld führen, gar nicht eingehen. Daran dürfte es nicht scheitern in einem Land, in dem so viel Raum und Geld für absolut sinnfreie Projekte und Reformen vergeudet wird. Außerdem ist es nicht mein Problem. Ich bin nur eine Utopistin. Aber eine, die ihre Utopie zu einem guten Teil realisiert hat.

***

Verlässlichkeit

Neben all den schillernden Eigenschaften wie Flexibilität, Spontaneität, Humor, Begeisterungsfähigkeit und Kreativität ist die Verlässlichkeit für mich eines der herausragendsten Merkmale eines guten Lehrers (ich gendere jetzt einmal nicht). Klingt vielleicht nicht so prickelnd, aber das tut Unzuverlässigkeit auch nicht und ist noch dazu einfach nervig und frustrierend.

Kinder – und zwar ausnahmslos alle, nicht nur die mit ausgeprägten psycho-emotionalen Problemen aus dysfunktionalen Familienverhältnissen – brauchen Sicherheit auf ihrem Entwicklungsweg. Die bekommen sie nur durch verlässliche, vertrauenswürdige Personen in ihrem engsten Umfeld.

Denk auch daran, was ich in Resilienz beschrieben habe. Ein Kind ist vom unzuverlässigen Verhalten einer Vertrauensperson nicht nur genervt, sondern auch sehr bald zutiefst enttäuscht. Einen kleinen Lapsus, verbunden mit einer aufrichtigen Entschuldigung nehmen sie wohl hin, aber es darf nicht zur Regel werden. Du hättest dann auch bald ein Autoritätsproblem, denn mit dem Vertrauen geht auch der Respekt den Bach hinunter.

Deine Verlässlichkeit sollte sich nicht nur in Pünktlichkeit, Einhaltung von Terminen und Schutz vor unliebsamen Situationen zeigen, sondern auch in der Einhaltung von Versprechen. Formuliere Versprechen immer so, dass du sie auch einhalten kannst. Das gilt insbesondere für „negative" Versprechen, also Androhungen. Droh im Eifer des Gefechts oder deiner Emotionen nicht mit Maßnahmen, die du unmöglich einhalten kannst. Du verlierst deine Glaubwürdigkeit rascher als dir lieb ist.

CTA: Hast du irgendein Versprechen noch nicht erfüllt? Dann aber husch husch!

***

Vielfalt

Das ist wieder so ein Allerweltsbegriff, den ich in anderen Zusammenhängen sicher schon kommentiert habe. Ich möchte ihn aber trotzdem noch einmal aufgreifen und auch auf seinen ökologischen Aspekt hinweisen.

Wie wichtig die Artenvielfalt in Flora und Fauna ist, wird uns bewusster, je mehr wir sie täglich einbüßen. Ein gesunder Organismus besteht naturgemäß aus vielen einzelnen, verschiedenen Teilaspekten, ob es die Bakterien in deinem Darm, die Insekten in deinem Garten, die Mitglieder deiner Familie, die Kollegenschaft usw. sind.

Jeder dieser „Teilaspekte" beinhaltet wieder welche, deren Nutzen sich auf den ersten Blick eher erschließt, die uns sympathischer sind und solche, auf die wir meinen, gut verzichten zu können.

Wir übertragen das jetzt wieder flugs auf die menschliche Gemeinschaft und zwar egal, ob es sich um Schulklassen, Arbeitsgemeinschaften, Vereine oder Reisegruppen handelt.

Mach ein Gedankenexperiment: Stell dir eine x-beliebige Gruppe, in der du Mitglied bist, einmal vollkommen homogen vor. Stell dir vor, du könntest die ganzen „Ungustln" eliminieren (natürlich ohne ihnen zu schaden) und eine Gruppe ganz nach deinem Wunsch formen, am besten nach deinem Abbild oder deinem besten Freund.

Da würde doch eine Menge fehlen, oder?

Ich meine nicht nur ethnische, kulturelle oder geschlechtliche Vielfalt, damit können woke Menschen ja meist gut umgehen.

Aber wie ist es mit den komischen, die mit etwas verschrobenen Ansichten, die, die so leise sprechen (oder so laut), die mit dem fragwürdigen Modegeschmack, die langsamen oder die besonders hibbeligen?

Du weißt schon, dass das, was uns am Gegenüber so besonders aufregt, nur ein Spiegelbild unseres ureigensten Problems ist?

Und dass das Gegenteil von Vielfalt Einfalt ist, sollte uns auch überzeugen.

Ein Lob der Ambiguitätstoleranz und dem JOHARI-Fenster, das uns hilft, unsere blinden Flecken zu bearbeiten.

***

Vorbild

Vielleicht nimmst du ja an, dass jemand wie ich, die ständig auf Selbstständigkeit und Eigenmacht pocht, auf Vorbilder pfeift und sich alles auf dem harten, steinigen Weg der Selbsterfahrung erarbeitet hat. Weit gefehlt!

Ich kupfere – früher unbewusst, jetzt ganz absichtlich – hemmungslos von allen ab, die mir was beibringen können.

Das sind neben den Menschen aus meiner Familie, die ich für die unterschiedlichsten Eigenschaften nicht nur liebe, sondern auch bewundere, durchaus Promis, literarische Figuren (viel lesen muss sich irgendwie rechnen), ganz stinknormale Menschen, die in irgendeiner Hinsicht für mich bemerkenswert waren:

die Kassiererin um halb sieben, die mir (echt) freundlich einen schönen Abend wünscht, der alte Mann aus dem Pensionistenheim gegenüber, der sich, stark gekrümmt, aber unermüdlich um den Block schleppt. Von einer Kollegin dachte ich mir im ersten Dienstjahr wörtlich (!):

Wenn ich groß bin, will ich so eine Lehrerin werden.

Und, last but not least, natürlich viele ehemalige Schüler*innen – nachzulesen unter Resilienz. Überhaupt lerne ich sehr gerne von jungen Menschen – nicht nur besondere Handyfunktionen, sondern über eure Werte und wie ihr euch oft unermüdlich dafür einsetzt.

Nicht zu vergessen meine nicht-menschlichen Vorbilder, allen voran meine Katzen. Meine alte Lia zeigt mir jeden Tag, wie man trotz schmerzender Knochen lieb, lustig, neugierig sein kann und immer wieder neue Überraschungen für's Frauli erfindet.

Aber der beste Ratschlag kommt aus dem Hundesektor: Wenn du vor einem Problem stehst, mach es wie ein Hund: Kannst du es nicht essen und nicht damit spielen, dann pinkel darauf und geh weiter.

So wie ich dich ermutige, dir Vorbilder zu suchen und von ihnen zu lernen (das ist übrigens auch eine Methode aus dem Beraterkontext: Überleg dir, wie XY dieses Problem angehen würde), erinnere ich dich auch daran, dass du natürlich auch Vorbild für deine Kinder bist.

Zuerst unbewusst, dann immer bewusster, du weißt schon...
Wieder so eine Verantwortung, magst du dir jetzt denken. Aber
du musst dich dafür nicht besonders anstrengen und schon gar
nicht verbiegen. Nicht Perfektion ist das, was uns zu Vorbildern
macht, sondern unser ehrliches, authentisches Bestreben, jeden
Tag unser Bestes zu geben (Sinn).

Hier kommt unweigerlich das Raucherthema ins Spiel. Dass
ich rauche, habe ich nie vor meinen Kindern verheimlicht. Ich
wäre mir so lächerlich vorgekommen, hätten sie mich irgendwann bei einer heimlichen Zigarette auf dem Heimweg erwischt.
So stellte ich mich der endlosen Diskussion. Kinder können unglaublich gesundheitsbewusste Moralapostel sein.

Im Übrigen können auch schlechte Vorbilder eine positive
Wirkung zeitigen. Sieh nach in der Einleitung, wie ich zu diesem
Beruf (Beraterin) kam.

***

VUCA-Welt

Der Begriff wurde in den 1990er Jahren in der US Army kreiert,
um die veränderte Situation nach dem Zusammenbruch des
Ostblocks zu beschreiben. Schon bald wurde er auch im Wirt-
schaftsleben und im Projektmanagement verwendet.

Ich habe ihn im Zuge meiner LSB-Ausbildung kennengelernt
und ich finde ihn viel zu wertvoll, um ihn Managern, Unterneh-
mern und Wirtschaftswissenschaftlern zu überlassen. Er kann
auf so gut wie alle Lebensbereiche, insbesondere aber auf den
Bildungsbereich angewendet werden.

VUCA ist ein Akronym und bedeutet:

- V steht für volatility = Volatilität = Unbeständigkeit
- U steht für uncertainty
- C steht für complexity
- A steht für ambiguity = Ambiguität = Mehrdeutigkeit

Sind das nicht Zustände, die jedem/r von uns zu schaffen machen? Insbesondere Kinder sind ihnen oftmals (fast) hilflos ausgeliefert, wobei man die kindliche Anpassungsfähigkeit und vor allem die Resilienz nicht unterschätzen sollte.

Die Strategien, die empfohlen werden, um den Herausforderungen der VUCA-Welt zu begegnen und die Chancen zu nutzen, die sie ja durchaus bietet, bestehen ebenfalls aus vier Buchstaben:

- V vision
- U understanding
- C clarity
- A agility

Ich finde diese jeweils vier Begriffe schon sehr aussagekräftig. Wenn du darüber reflektierst, werden dir sicher Beispiele dafür einfallen, wie sie sich in deinem Umfeld zeigen und wie du damit umgehen kannst. Ich liefere dir nur wieder ein paar Querverweise:

Vision	Theorie U, presencing als soziale Technik
understanding	Erklärung, Information, Gespräche
clarity	Klarheit, Verlässlichkeit in deinem Verhalten
agility	Tun, nicht passiv abwarten (außer manchmal)

Bei der Diskussion des ersten Akronyms tauchten Gedanken auf, dass man Unsicherheit, Unbeständigkeit, Komplexität und Mehrdeutigkeit durch mehr Beständigkeit, Sicherheit und Vereinfachung zu mehr Stabilität hin verändern sollte.

In mir entstand hierzu das Bild und der Ausdruck von flexibler Balance.

Ich sollte mir den Begriff patentieren lassen, denn es gibt ihn meines Wissens bisher nur im Bauwesen. Ich dachte hierbei auch an Gebäude in Erdbebengebieten oder generell an Hochhäuser, die ja eine gewisse Schwingungsamplitude aufweisen, wenn sie Erschütterungen ausgesetzt sind.

Noch mehr leuchtet der Begriff ein, wenn du an deine letzte Fahrt in einem Verkehrsmittel denkst. Du hast keinen Sitzplatz bekommen, also bist du vermutlich breitbeinig dagestanden und hast dich an eine Stange geklammert, um einen möglichst stabilen Stand zu haben. Gleichzeitig hast du dich aber mitbewegt, um das Schlingern des Fahrzeugs und Unebenheiten auszugleichen, du hast also balanciert. Oder eine Balancierung gemacht, wie meine Enkelin zu sagen pflegte.

Balance impliziert schon rein gedanklich Bewegung (flexible Balance noch mehr) und Beweglichkeit ist immer ein besserer Weg, um mit Veränderungen fertig zu werden.

Selbstverständlich ist hier nicht nur die körperliche Beweglichkeit gemeint.

***

Wachstum

Wir bleiben beweglich, denn solange etwas wächst, bleibt es in Bewegung, auch im mentalen und psychischen Bereich. Das menschliche Gehirn strebt nach Wachstum. Man kann sich vorstellen, wenn Kinder beschrieben werden, die „faul" sind, nicht lernen wollen, was hier alles schiefgelaufen sein muss, dass es so weit kam.

Leider setzt sich bei manchen Menschen diese Haltung durch bis ins Erwachsenenalter hinein, sie ignorieren also permanent die Bedürfnisse ihres Gehirns. Dass dies kein Glücksgefühl, im Gegenteil, eine ständige, latente Unzufriedenheit erzeugt, mag einleuchten. Biete daher deinem und den Gehirnen deiner Schüler*innen genügend Anreize, um zu wachsen und neue Verbindungen zu schaffen.

Als Draufgabe noch ein wunderschönes Zitat von Mahatma Gandhi:

Lebe, als würdest du morgen sterben.
Lerne, als würdest du für immer leben.

Apropos Verbindungen: Laut Gerald Hüther ist Wachstum nur denkbar in Kombination mit Verbundenheit. Der Mensch als soziales Wesen, als Zoon politikon, braucht andere Menschen, um all seine Fähigkeiten zu entwickeln. Vielleicht würden wir gerade den aufrechten Gang noch hinbekommen, aber bereits der Spracherwerb ist ohne menschliche Vorbilder nicht denkbar.

Verbundenheit meint aber nicht nur die bloße Anwesenheit anderer Personen – dass das nicht genügt, sehen wir ja hinlänglich an sozial verwahrlosten, bzw. vernachlässigten Menschen vor allem in Großstädten, aber auch die vielgepriesene ländliche Idylle schützt nicht immer vor Isolation. Was ich unter Verbundenheit verstehe, habe ich in den Kapiteln Resonanz und Vorbilder beschrieben. Es muss dieses „sich angesprochen fühlen" eintreten, um wirklich gelingendes, Flow erzeugendes Wachstum zu schaffen.

***

Werte

Kinder sind nicht nur gesundheitsbewusste Moralapostel, wie ich in dem Kapitel Vorbilder gesagt habe, sondern generell sehr konservativ in ihrer Wertehaltung. Das ist auch gut so, denn es zeigt an, dass es außer den erlernten auch dem Menschen immanente Werte gibt.

Ich weiß, das widerspricht ein wenig dem oben Gesagten, aber es geht ja hier um die Ansätze und nicht nur um die weitere Ausprägung.

Der Sinn für Fairness und Gerechtigkeit ist sogar in Tieren angelegt, wie man mit Leckerlis unschwer nachweisen kann. Bei Kindern ist dieses Gefühl sehr stark ausgeprägt.

Ein vernichtendes Urteil über manche Lehrkraft ist nicht übermäßige Strenge, sondern Unfairness. Strenge, oder wohlwollender Konsequenz genannt, wird viel eher akzeptiert als Ungleichbehandlungen. Das erzeugt nicht nur permanenten Frust, sondern die Person verliert auch an Glaubwürdigkeit und Akzeptanz, denn oft sind die Aktionen rational nicht erklärbar.

Ehrlichkeit oder Aufrichtigkeit finden wir auch unter dem Stichwort Authentizität.

Das klingt moderner, reflektierter, meint aber im Grunde nichts anderes.

Verlässlichkeit, sein Wort halten ist eine unverzichtbare, Vertrauen bildende Eigenschaft.

Vor etlichen Jahren hielt auch der Ehrbegriff wieder Einzug in der Schule. Das war in meiner eigenen Schulzeit und am Beginn meiner Lehrertätigkeit nicht der Fall. Da kam er höchstens in alten Rittersagen vor.

Leider war dieser Ehrbegriff oft sehr eng gefasst und, aus meiner Sicht, oft negativ konnotiert. So fragte ich schon so manchen Burschen, ob seine Ehre wirklich von dem einen Quadratzentimeter Jungfernhäutchen seiner Schwester abhänge. Oder welche Ehre es verlangt, dass man zu dritt auf einen am Boden Liegenden hintritt. Nichtsdestotrotz, auch über seltsame Ehrbegriffe lässt sich gut diskutieren, und, wenn ein Sinn dafür vorhanden ist, auch korrigieren.

Werte gehören auch viel weniger vorgetragen, sondern vorgelebt. Kinder mit ihrem feinen Gespür für Unaufrichtigkeit merken sehr wohl, ob man Wasser predigt und Wein trinkt oder die eigenen Wertvorstellungen auch zu erfüllen versucht.

Der durch Zeitmangel, Überforderung oder Desinformation weit verbreitete Laissez Faire Erziehungsstil (in etwas milderer Form auch permissiver Erziehungsstil) führt bei vielen Kindern und Jugendlichen zu einem Verlust oder Mangel an Werten, den sie im schlimmsten Fall bei radikalen Gruppierungen religiöser oder politischer Form auszugleichen versuchen.

CTA: Lass dich mit deinen Kindern auf eine Diskussion über Werte ein. Das kann eine sehr philosophische Richtung bekommen.

***

Wien

Was für ein seltsames Stichwort, nicht? Und dahinter verbirgt sich auch keine seltsame Methode aus dem pädagogischen oder Beraterkontext, es ist kein Synonym für eine Erscheinung aus einem anderen Wissenschaftsbereich – Wien steht einfach für Wien. Du kannst aber dafür jeden x-beliebigen anderen Ortsnamen einsetzen, je nachdem, wo du wohnst oder unterrichtest.

Das, wozu ich dich hier auffordern möchte, nannte man früher Heimatkunde. Wenn dir dieser Begriff zu altmodisch oder gar reaktionär klingt, kannst du es auch gerne anders abspeichern. Unter kennenlernen, Orientierungsübungen, sich vertraut machen.

Glaub mir, du tust damit nicht nur deinen Kindern etwas Gutes, sondern auch dir, wenn du lernst, deine bekannte Umgebung mit und durch andere Augen zu sehen. Die bekanntesten Sehenswürdigkeiten stehen ohnehin im Lehrplan, aber es gibt so viel Unbekanntes zu entdecken (übrigens auch an den Touristik Hotspots).

Ich habe ja schon den Heurigen erwähnt, den ich mit meinen Schüler*innen aufgesucht habe, aber auch Kaffeehäuser, Kirchen verschiedenster Konfessionen oder einfach Teile unseres Schulbezirks, in denen wir alle noch nicht waren.

Ihr könntet auch reihum die Bezirke oder unmittelbaren Wohngegenden der Kinder aufsuchen und das betreffende Kind könnte dort als Gastgeber*in eine Führung machen.

CTA: Nimm dir täglich oder sooft du es zeitlich vereinbaren kannst, einen anderen (Schul-)Weg vor. Meine persönliche Challenge der letzten Jahre war, auf meinem Fußweg vom 18. in den 7. Bezirk immer neue Gassen ausfindig zu machen, die einigermaßen direkt nach Hause führten.

***

Xylophon

Ich gebe zu, das ist etwas kindisch, aber zu X etwas zu finden ist wirklich schwierig. Ich kann es aber so hinbiegen, dass es doch in dieses Buch passt. Oder, wie mein Erstgeborener zu sagen pflegt: Was nicht passt, wird passend gemacht.

Ein Xylophon (ein hölzernes) hat einen wunderbaren Klang. Falls du keines aus dem Musikkasten deiner Schule ausleihen kannst, investiere Geld aus den Unterrichtsmitteln freier Wahl oder bitte den Elternverein und stell es deinen Kindern als Pausenbeschäftigung zu musikalischen Zwecken zur Verfügung. Vielleicht entdeckt ja eines seine Begabung oder hat einfach Spaß daran. Du hast es auch schnell für eine spontane Musikstunde zur Hand, wenn deine Gitarre nicht gestimmt ist oder der Laptop wieder einmal spinnt.

Eine junge Kollegin hat darauf eine kleine Tonfolge gespielt, um das Pausenende anzukündigen. Sehr hübsch!

***

Yoga

Obwohl ich allen spirituellen, philosophischen, gesundheits- und generell entwicklungsfördernden Lehren sehr offen und interessiert gegenüberstehe, habe ich seltsamerweise bisher nicht zu Yoga gefunden. Ich habe wohl hineingeschnuppert, hätte aber nicht gewagt (und das kam äußerst selten vor), es meinen Kindern anzubieten.

In meinem letzten Dienstjahr führte ich keine Klasse mehr, sondern war als Teampartnerin einer jungen Kollegin zugeteilt. (Übrigens ein sehr gelungenes Teamteaching.)

In einer Turnstunde hatte sie ihr Tablet mit und meinte, sie wolle mit Kindern wieder einmal Yoga machen, was sie selbst auch regelmäßig praktizierte.

Ich war sehr gespannt und konnte mir darunter gar nichts vorstellen. Zu meiner großen Überraschung waren die Kinder höchst erfreut schon über die Ankündigung und später bei den

Übungen auch sehr konzentriert und diszipliniert. Bis hin zur letzten Entspannungsübung!

Eine neue und bereichernde Erfahrung, sehr zur Nachahmung empfohlen. Danke, Vicky!

***

YouTube

Ich weiß ja nicht genau, wie das mit Werbung in Büchern ausschaut, aber ich riskiere es einfach.

Du bist mit YouTube sicher viel vertrauter als ich, aber ich möchte einfach ausdrücklich meine Empfehlung aussprechen. Ursprünglich habe ich es nur als Musikkanal genützt, bei meinem Sohn habe ich schon bemerkt, dass er sich viele Tools und Life Hacks anschaut und in den Zeiten des Home Schoolings habe ich sehr wertvolle, den Unterricht unterstützende und ergänzende Videos gefunden. Auch an anderen Orten des Internets, aber YouTube ist echt cool.

CTA: Lass dir mal von einem der Mathelehrer auf YouTube helfen. Vielleicht verstehen deine Kinder, von ihm erklärt, den Pythagoräischen Lehrsatz besser.

***

Zufall

Ein unscheinbarer, aber nicht unwichtiger Co-Lehrer, nicht nur deines Unterrichts. Es gibt sogar eine literarisch/wissenschaftliche Bezeichnung: Serendipity oder Serendipitätsprinzip und bezeichnet nicht irgendeinen, sondern den glücklichen Zufall. Sicher hast du schon viele Male die Erfahrung gemacht, dass dir durch eine glückliche Fügung etwas zugefallen ist, das du gar nicht gesucht hast.

Es gibt sogar viele bedeutende Entdeckungen und Erfindungen, die auf diesem Zufallsprinzip beruhen: die Entdeckung

Amerikas (nicht nur die durch die Europäer), des Penicillins, des Superklebers, des Post-Its, des Klettverschlusses und vieles mehr.

Wie so oft in diesem Buch erwähnt, ist auch hier dein Mindset und deine Einstellung ausschlaggebend dafür, ob und wie oft dir diese glücklichen Zufälle passieren. Louis Pasteur meinte: „Der Zufall begünstigt den vorbereiteten Geist."

Laut dem Informationswissenschaftler Naresh Agarwal basiere Serendipität auf zwei Faktoren: preparedness und noticing, also bereit zu sein für den Wink des Schicksals und ihn im richtigen Augenblick zu bemerken.

Noch griffiger beschreibt seine Fachkollegin Sanda Erdelez die Kernkompetenzen solcher Glückspilze: Neugier, Flexibilität und Frustrationstoleranz. Kommt dir das bekannt vor? Ich glaube, die ersten beiden Begriffe habe ich schon einige Male erwähnt, Frustrationstoleranz kannst du auch durch Resilienz oder radikale Akzeptanz ersetzen.

Die von mir empfohlenen assoziativen Techniken zur Ideen- und Entscheidungsfindung wie freies Assoziieren im Brainstorming oder die Nadelstichübung hängen mit dem Serendipitätsprinzip zusammen.

∗∗∗

Ziele

Dieses Stichwort scheint vordergründig dem letzten Thema, dem Zufall, entgegenzustehen oder zu widersprechen. Aber wirklich nur auf den ersten Blick, denn der „vorbereitete Geist" oder die „preparedness" implizieren ja schon eine gewisse Zielrichtung, wo es hingehen soll.

Dir ein Ziel zu setzen, engt dich weder ein, noch nimmt es dir Freiheit, denn du bist ja Herr*in deiner Entscheidungen und Zielsetzungen. Ziele können – meinetwegen täglich – neu definiert werden, wie sinnvoll das ist, magst du beurteilen. Ich will dir nur die Wahlmöglichkeiten aufzeigen, die du hast, denn ich sehe eine große Entscheidungsunlust bei vielen Angehörigen der Generationen Y und Z. Du darfst mich gerne berichtigen.

Ich finde es auch nicht so schlimm, keine vorschnellen Entscheidungen zu treffen, lieber über die verschiedenen Wege zu reflektieren und sich von Zeit zu Zeit etwas treiben zu lassen – um vielleicht auf einen guten Zufall zu warten. Aber bedenke: Wenn du dich nicht aktiv für oder gegen etwas entscheidest, tun es andere für dich. Ähnlich wie bei Leadership.

Das Ziel kann auch die intrinsische Motivation sein oder sie auslösen und schlicht und einfach deinem Leben Sinn geben.

Du solltest von Zeit zu Zeit innehalten und dein höheres Ziel/deine höheren Ziele überprüfen.

Nicht nur, die Reisekostenabrechnung abgeben, den Zahnarzttermin ausmachen, die Mutter zurückrufen und den Haaransatz färben. Ich gebe dir ein Beispiel: Du möchtest eine Klasse mit sozial kompetenten Kindern, die möglichst wenige Unterrichtsstörungen verursachen, sondern diesem aufmerksam folgen? Dann musst du eben vermehrt Zeit in das Teambildung investieren und gruppendynamische Minenfelder entschärfen, um dieses Ziel zu erreichen. Es hat auch etwas mit der Theorie U von Otto Scharmer zu tun – führen von der Zukunft her. Hast du dir's schon durchgelesen?

Aber nun zum Konkreten. Wie findest du dein Ziel, wie formulierst du es am besten?

Sicher hast in deiner Aus-, möglicherweise in einer Fortbildung von den SMART-Zielen gehört. SMART ist ein Akronym und steht für spezifisch – messbar – ausführbar (auch attraktiv möglich) – realistisch – terminisiert. Wenn wir in unserem Berufsfeld bleiben (denn du möchtest ja ein glücklicher Lehrer sein), können wir zwar spezifisch, realistisch und ausführbar formulieren.

Mit messbar und terminisiert wird es aber schwierig. Zu unabwägbar und unberechenbar sind die Faktoren, mit denen wir es zu tun haben, nämlich mit Menschen.

Das führt auch die oft gehörte Forderung von Entlohnung nach Leistung (meist von Angehörigen anderer Berufsgruppen) ad absurdum. Wie definierst du eine erfolgreiche Lehrkraft: Die mit dem besten Notendurchschnitt, mit der höchsten Kinderanzahl, die sie nach deren Abgang noch besuchen, die, die am längsten an ihren Vorbereitungen sitzt, mit der größten Anzahl an Abgänger*innen, die eine weiterführende Schule besuchen, eine Lehre erfolgreich absolvieren oder oder oder.

Ich hätte all diese Kriterien erfüllt und doch möchte ich mich nicht mit Kolleg*innen aus anderen Sparten vergleichen, die mit doppelt so vielen Schüler*innen, Kindern, deren besondere Bedürfnisse nicht berücksichtigt werden, Eltern, die einem noch mehr Verantwortung für eine erfolgreiche Schullaufbahn ihrer Kinder zuschanzen, arbeiten müssen.

Auch das Terminisieren wird durch diese Faktoren sehr schwierig.

Lieber arbeite ich in der Beratung mit den Motto-Zielen nach dem Zürcher Ressourcen Modell. Dieses ist gedacht für alle Personen, die berufsbedingt anderen dabei helfen wollen, ein selbstbestimmtes Leben zu führen. Der Prozess läuft in fünf Schritten ab:

1. Priming: Notiere dein Thema und deine Gefühle dazu.
2. Aus einem großen Bildangebot wählst du spontan das Bild, das die positivsten Körpergefühle bei dir auslöst.
3. Im Ideenkorb sammelst du alle positiven, hilfreichen Assoziationen zu diesem Bild. Du kannst auch 1-2 weitere Personen um Assoziationen bitten.
4. Verdichten: Markiere deine Lieblingsbegriffe, ungefähr fünf.
5. Aus diesen Begriffen formulierst du ein Motto-Ziel, das dich motiviert und deine Ressourcen freisetzt.

***

Zelten

Diesen Spaß will ich dir als Tipp nicht vorenthalten. In der Nähe Wiens ist das Museum für Urgeschichte in Asparn an der Zaya. Hier gibt es ein interessantes Freilichtmuseum im Schlosspark, wo du tagsüber Führungen mit Workshops in Bogenschießen, Getreidemahlen und sonstigen lebenswichtigen Inhalten buchen kannst.

Am Abend könnt ihr an offenen Feuerstellen Maiskolben oder Würstel grillen und dann geht's ab in die großen weißen Tipis, die schon aufgestellt sind. Du musst selber kein Zelt aufbauen, aber es bleibt noch immer abenteuerlich genug.

Die gemeinsame durchwachte Nacht (denn viele Kinder werden nicht schlafen) und die Schmerzen nach einigen Stunden auf dem Strohlager (es ist nicht so weich, wie es aussieht) werden dich auf das Innigste mit deinen Kolleg*innen verbinden. Und auch mit den Kindern wirst du Gesprächsstoff für die restliche gemeinsame Schulzeit haben.

***

Zauber

Ist dir aufgefallen, dass ich beim Z die alphabetische Auflistung umgekehrt habe? Ein kleiner Kunstgriff, ich hielt Zauber für das schönere Abschlussstichwort. ☺

Und zwar vor allem wegen dieser Aussage:

> *Worte waren einst Zauber, und das Wort hat noch*
> *heute viel von seiner Magie bewahrt.*
> **Zitat von Sigmund Freud**

Wie ich dir über viele Seiten klarzumachen versuchte, ist das Wort unser stärkstes Instrument, um zu erreichen, zu berühren, Netze zu knüpfen.

Hinter den Worten steht aber deine Persönlichkeit, mit all ihrer Empathie, Intelligenz (vor allem emotionale), Kreativität, Identität und Authentizität. Ohne diese bleiben die Worte leere Hülsen und erzeugen keine Resonanz.

Ich gebe dir noch einen Zauberspruch mit zum Abschluss:

Und jedem Anfang wohnt ein Zauber inne,
Der uns beschützt und der uns hilft, zu leben.
aus „Stufen" von Hermann Hesse

Fang an, dein Leben zu leben!

Zusammenfassung und Danksagung

Ich hoffe, du konntest aus den vorliegenden Seiten einigen Nutzen für dich herausziehen. Es sollten explizit keine Unterrichtstipps sein, es sind nur ganz wenige geworden, um dir einen Einblick in meine Praxis zu geben.

Im Wesentlichen ging es mir um die Metakompetenzen, die manchmal im hektischen Berufsalltag nicht so viel Beachtung finden. Und es ist eine sehr subjektive, persönliche Betrachtungsweise.

Viele, ebenfalls erfolgreiche, höchst empathische und reflektierte Kolleg*innen mögen vieles anders sehen. Ich habe das beschrieben, was für mich funktioniert hat und was zu meinem Glück im Beruf beigetragen hat. Ich habe Querverweise gegeben und auf wissenschaftliche Grundlagen Bezug genommen, in erster Linie ging es mir aber darum, meine Gedanken, meine Haltung, meine Ressourcen und Kompetenzen aufzuzeigen. Besonders auch, wie sich manches über die Jahre verändert und entwickelt.

Wie ich eingangs und zwischendurch immer wieder erwähnte, bin ich jetzt Trainerin, Coach und Lebens- und Sozialberaterin.

Ich komme aus einem glücklichen Lehrerleben und es ist mir ein wirkliches Anliegen, dir mit meiner Expertise aus diesen Ausbildungen und meiner Erfahrung zu einer ebenso beglückenden, erfüllten Berufserfahrung zu verhelfen. Ich kann dir keine Fehler, Rückschläge, Frustrationen abnehmen. Ich kann dir nur Hilfe und Begleitung anbieten bei diesem Entwicklungsprozess, der vor dir liegt. Für die ersten zehn Personen, die sich auf dieses Buch hin melden ist die erste Coaching- oder Beratungseinheit gratis!

Danksagen möchte ich in erster Linie meiner Familie, die mich 41 Jahre lang mit den Schulkindern und Kolleg*innen teilen musste. Sie mussten sich unendlich viele Geschichten anhören, die ich mir von der Seele reden musste, sie mussten für mich arbeiten, mir als Begleitpersonen, Publikum, Tanzpartner und Gastgeber (Danke, Schwester, Schwager) zur Verfügung stehen, Arbeitsmaterialien erstellen und konnten nur in der Hauptsaison in den Urlaub fahren.

Ebenso meinen Freund*innen, die mir geduldig und interessiert zur Seite standen und wertvolle Inputs leisteten, manchmal sogar in der Bereitstellung von Arbeitsplätzen für berufspraktische Tage.

Danksagen möchte ich aber auch meiner gesamten Kollegenschaft, denen, die mich schon sehr lange begleitet haben, einigen sehr wichtigen, die bereits verstorben sind und solchen, die ich erst in den letzten Jahren kennenlernen durfte. Die ersteren haben mich in der Vergangenheit gestützt und inspiriert, die zweiten geben mir Hoffnung und Zuversicht, dass eine gute Schule mit engagierten, empathischen, klugen Lehrer*innen immer wieder ein Ort sein wird, in dem Kinder und auch Erwachsene gut gedeihen können.

Und, last but not least, möchte ich SalesAngels danken, die mich überhaupt erst auf die Idee brachten, ein Buch zu schreiben und die mich wirklich auf Schritt und Tritt durch die Erstellung begleiten.

Eine Bitte am Ende: Schreib mir gerne über meinen Kontakt auf meiner Homepage, ob ich wichtige Begriffe vergessen habe, wie deine Ansicht zu meinen Definitionen ist, ob es sich mit deinen bisherigen Erfahrungen deckt. Ich freue mich über Austausch!

Hier bekommst du noch eine kleine, feine Literaturliste. Sie ist querbeet, wie das ganze Buch und erhebt keinen Anspruch auf irgendeine Vollständigkeit (Sie ist nicht einmal alphabetisch geordnet). Es sind einfach Bücher, die mir in meinem Leben viel weitergeholfen haben.

Literaturempfehlungen und Links

- Christoph Quarch: Nicht denken ist auch keine Lösung.
- Viktor E. Frankl: Trotzdem Ja zum Leben sagen
- Friedemann Schulz von Thun: Miteinander reden 1–3
- Lundin, Paul, Christensen: Fish
- Gerhard Wagner: Schwein gehabt. Redewendungen des Mittelalters
- Andrea Gerk: Lesen als Medizin
- Miralles, Garcia: Ikigai
- Bruno Bettelheim: Kinder brauchen Bücher
- Bruno Bettelheim: Kinder brauchen Märchen
- Paul Emanuel Müller: Märchen zeigen Wege
- Konrad Paul Liessmann: Bildung als Provokation
- Don Miguel Ruiz: Die drei Fragen des Lebens
  Die vier Versprechen
  Das fünfte Versprechen
- Carmen Thomas: Vom Zauber des Zufalls
- Irvin D. Yalom: Wie man wird, was man ist
- 52 Kraftrituale
- Reinhard K. Sprenger: Magie des Konflikts Warum ihn jeder braucht und wie er uns weiterbringt
- Friedrich Glasl: Selbsthilfe in Konflikten
- Lucy Vincent: Tanzen macht nicht nur glücklich sondern auch schlau
- Gerald Hüther: Bücher oder auf You Tube

- https://www.123test.com/de
- https://bigfive-test.com/de
- praxis-jugendarbeit.de
- baobab: Filmempfehlungen für den Unterricht
- Jane Goodall, Roots & Shoots: Gute Projekte, Unterrichtsmaterialien, Veranstaltungen
  War mal mit meiner Klasse bei einer Live Veranstaltung mit Jane – very impressive!
  Mein Sohn, eine Praktikantin und ich haben für die Kinder simultan gedolmetscht.
- Andrea Schweiger auf WienXtra
- www.bildungschancen.wien/angebot/585 (Märchen)
  /angebot/591 (Kommunikation)
  /angebot/579 (Tanzen)
- https://www.futur2.org/article/von-der-zukunft-her-fuehren-mit-hilfe-von-otto-scharmers-theorie-u/

DIE AUTORIN

Andrea Schweiger, geboren und aufgewachsen in Wien, blickt auf über 40 Jahre als klassenführende Lehrerin an einer Sonderschule zurück. Obwohl sie nie Lehrerin werden wollte, fand sie in diesem Beruf ihre Leidenschaft. Ihre besondere Fähigkeit, schnell Kontakte zu Kindern zu knüpfen, prägte ihr erfolgreiches Wirken.

Vor zehn Jahren qualifizierte sie sich zusätzlich als Trainerin, Coach und Lebens- und Sozialberaterin (LSB) und ist seit 2023 in diesem Bereich selbstständig tätig. Wenn sie nicht beruflich aktiv ist, findet sie Erfüllung im Lesen, Wandern, in Gartenarbeit oder kreativen Projekten.

Ihr Ratgeber basiert auf ihrem reichen Erfahrungsschatz und soll Mut machen, den Herausforderungen des Lehrerberufs mit Freude und Zuversicht zu begegnen.

DER VERLAG

VINDOBONA
VERLAG · SEIT 1946

ein Verlag mit Geschichte

Bereits seit 1946 steht der Vindobona Verlag im Dienst seiner Bücher und Autoren. Ursprünglich im Bereich periodisch erscheinender Journale tätig, präsentiert sich der Verlag heute als kompetenter Partner für Neuautoren am deutschen, österreichischen und schweizerischen Buchmarkt. Engagement, Verlässlichkeit und Sachverstand – das sind die Grundpfeiler, auf denen der Verlag seit jeher sicher steht.

Sie möchten mit Ihrem Werk das vielseitige Verlagsprogramm bereichern? Der Vindobona Verlag garantiert Ihnen eine professionelle Prüfung Ihres Manuskriptes durch das Lektorat sowie eine zeitnahe Rückmeldung.

Genauere Informationen zum Verlag
finden Sie im Internet unter:

www.vindobonaverlag.com